Verena Wróbel

Training Intensiv

Richtig gut! Referate halten

Deutsch

Mit Lern-Videos online

Klett Lerntraining

Bildquellennachweis
7.1 fotolia (Monkey Business), New York; **7.2** fotolia (wildworx), New York; **81.1** fotolia (wildworx), New York; **81.2** fotolia (Woodapple), New York

Bibliografische Information der Deutschen Nationalbibliothek
Die Deutsche Nationalbibliothek verzeichnet diese Publikation in der Deutschen Nationalbibliografie; detaillierte bibliografische Daten sind im Internet über http://dnb.d-nb.de abrufbar.

Auflage 3 2 1 | 2016 2015 2014
Die letzten Zahlen bezeichnen jeweils die Auflage und das Jahr des Druckes.

www.klett.de/lernhilfen

Satz: DTP-studio Andrea Eckhardt, Göppingen
Druck: Medienhaus Plump GmbH, Rheinbreitbach
Printed in Germany
ISBN 978-3-12-949343-4

9 783129 493434

= **Lern-Videos online**

Referate halten

Diskutieren

Checkliste

Hey ... äh ... hallo ... ähhh ... willkommen ... fangen wir an ... ähhhhh ... Was wollte ich sagen?

Du möchtest ein Referat halten und dir fehlen die Worte? *Training Intensiv Richtig gut! Referate halten Deutsch* hilft dir nicht nur die passenden Worte zu finden, sondern begleitet dich auch von der Vorbereitung über die Präsentation bis hin zur anschließenden Diskussion.

Was finde ich in dem Buch?

Alles rund um Referate und Diskussionen

- **Theorie-Kapitel „Referate"**
  Hier wirst du auf deinem Weg zum präsentationsfähigen Referat begleitet. Schritt für Schritt wird jeder einzelne Aspekt genau beschrieben und erklärt: Wie plane und recherchiere ich richtig? Was ist ein geeigneter Referatsaufbau? Wie bereite ich mich auf den Auftritt vor und wie führe ich das Referat durch?

- **Theorie-Kapitel „Diskutieren"**
  In diesem Kapitel erfährst du alles, was du wissen musst, um erfolgreich an einer Diskussion teilzunehmen oder eine Diskussion zu leiten: Wie stelle ich Argumente zusammen und präsentiere sie überzeugend? Wie reagiere ich auf Fragen richtig und wie moderiere und beurteile ich eine Diskussion?

- **Tipps**
  In den einzelnen Kapiteln findest du praxisnahe Tipps, die für die Vorbereitung und den Auftritt besonders nützlich sind und deinem Referat noch den letzten Schliff geben.

- **Checklisten**
  Checklisten stellen wichtige Punkte, die es zu beachten gilt, im Überblick dar.

Konkrete Hilfen für die Umsetzung

- **Beispiele**
  Immer wieder findest du Beispiele, die dir zeigen, wie sich Aufgaben konkret umsetzen lassen und die dir verdeutlichen sollen, was mit den Ausführungen gemeint ist.

- **Formulierungshilfen**
  Zu vielen Themen gibt es Vorschläge, wie du bestimmte Dinge sprachlich ausdrücken kannst. Diese Formulierungsmöglichkeiten sollen dir helfen, deine Inhalte angemessen wiederzugeben.

- **Checkliste**
  Nach dem letzten Kapitel findest du eine Checkliste, die dir einen Überblick über alle deine Aufgaben gibt und anhand der du vor einem Referat überprüfen kannst, welche Schritte du bereits hinter dir hast und welche noch vor dir liegen.

- **Stichwortverzeichnis**
Am Ende des Buches findest du ein Stichwortverzeichnis, das dir hilft, gezielt nach Informationen zu suchen.

Übung macht den Meister!

- **Übungen**
  Am Ende der beiden großen Kapitel findest du jeweils einen umfangreichen Übungsteil.
  Nutze die Übungen, um dich selbst zu überprüfen und das Erlernte zu festigen.
  Die Lösungen dazu befinden sich vor dem Stichwortverzeichnis am Ende des Buches.

Training Intensiv bietet zusätzlich kostenlose **Lern-Videos online**.

Und so geht's

per QR-Code

Scanne einfach den Code mithilfe einer QR-Code-App mit deinem Smartphone.

per Online-Link

Gehe online auf die Seite www.abiportal.klett-lerntraining.de.
Registriere dich kostenlos mit deiner E-Mail-Adresse und einem von dir gewählten Passwort. Wähle in der Reihe „Training Intensiv" das Buch „Richtig gut! Referate halten" aus.
Gib unter dem Buchcover den Online-Buchcode ein: DT3TR84.
Wähle dein Thema aus und starte das Video.

Viel Erfolg im Abitur wünscht dir das

Team von Klett Lerntraining!

Referate halten

Auf die Plätze: Inhalte suchen und aufbereiten

1. Gut geplant ist halb gehalten – Die Vorarbeit

1.1 Wie erstelle ich einen Arbeitsplan?

> *TIPP:*
> *Beginne rechtzeitig mit der Vorbereitung und plane Zeitpuffer ein. So gerätst du nicht unter Druck.*

Bevor du dich um inhaltliche Aspekte kümmerst und dich in die eigentliche Vorbereitung stürzt, solltest du dein Vorgehen planen. Nur dann kannst du abschätzen, wie viel Zeit du für die einzelnen Arbeitsschritte überhaupt zur Verfügung hast. Notiere dir den Referatstermin in deinem Kalender und erstelle dann einen Plan, wann du welchen Arbeitsschritt in Angriff nehmen und beenden willst. Du solltest dabei dein eigenes Arbeitstempo berücksichtigen und dir realistische Ziele setzen. Auch andere Termine (z. B. Klausuren und Ferien), die dich eventuell an einem zügigen Arbeiten hindern, solltest du in deine Planung mit einbeziehen.

Arbeitsphasen

Themenfestlegung
Sprich das Thema mit deinem Lehrer/Dozenten ab und wähle den Termin dafür möglichst früh, so dass eventuell noch ein zweites Treffen stattfinden kann.

Recherche
Wichtige Bücher, die du für deine Arbeit ausleihen möchtest, können entliehen sein, dann musst du möglicherweise wochenlang darauf warten. Plane entsprechend viel Zeit für diesen Schritt ein.

Materialbearbeitung
Das Sichten, Bewerten und Ordnen von Material erfordert Ruhe und Zeit. Mache dir gründlich Notizen und schreibe immer deine Quellen auf. Das erspart später unnötiges Suchen, wenn du einzelne Aspekte genauer nachschlagen musst.

Gliederung
Der Aufbau muss eventuell noch mit der Lehrperson abgesprochen werden. Vereinbare rechtzeitig einen Termin. Plane für Änderungen, die dann noch vorgenommen werden müssen, Zeit ein. Vielleicht musst du ein Teilthema neu recherchieren.

Ausarbeitung
Dies ist eine sehr intensive Arbeitsphase, in der du dich teils kreativ, teils analytisch mit den Inhalten auseinandersetzt. Rechne damit, dass dieser Prozess nicht immer zügig läuft. Ein paar Tage Abstand können dann gut tun, um mit neuem Schwung die Sache wieder anzugehen.

Letzte Vorbereitungen
Viele Kleinigkeiten können jetzt Zeit und Nerven kosten. Du musst Folien und Handouts kopieren, Geräte organisieren, etc. Dabei muss nicht immer alles glatt gehen: Hast du auch dann genug Zeit, wenn Kopierer oder andere technische Geräte streiken?

Beispiel: Zeitplan für ein umfangreiches Referat

Zeit	Arbeitsschritte
Januar	• Themenfindung (evtl. mit Mind-Map) • Themenfestlegung in Absprache mit dem Lehrer • Sammeln von Information: Recherche und Vorbestellung entliehener Bücher
1.–8. Februar	• Bewerten und Ordnen des Materials • Auswertung der Literatur (Notizen mit Quellenangaben)
9.–12. Februar	• Erarbeitung einer Gliederung • 2. Gespräch mit dem Lehrer
13.–21. Februar	• Ausarbeitung (Referatstext)
22.–24. Februar	• Wahl der Präsentationsmittel (evtl. Erstellen von Folien und Handouts) • Erstellen von Karteikarten
25.–27. Februar	• Üben des Vortrags • Letzte Vorbereitungen (Handouts kopieren, Geräte besorgen)
28. Februar	• Referat

1.2 Wie präzisiere ich das Thema und definiere Ziele?

> *TIPP:*
> *Eine spontane Stoffsammlung (Brainstorming, Mind-Map usw.) hilft, sich an das Thema heranzutasten. Auch ein Lexikon gibt einen ersten Überblick.*

Das Thema des Referates ergibt sich in den meisten Fällen aus dem Unterricht und wird durch die Lehrperson vorgegeben. Mache dir zunächst eigene Gedanken zum Thema. Kläre für dich, welchen Bezug du zu diesem Thema hast und welche Aspekte du besonders reizvoll findest. Gehe dann zu deinem Lehrer/Dozenten und kläre, inwieweit sich eure Vorstellungen treffen oder ergänzen. Besprich, wo der Schwerpunkt des Referates liegen soll und welche Bereiche unbedingt in deinen Ausführungen berücksichtigtwerden müssen. Mache dir auch klar, für wen du dein Referat hältst und welche Informationen deine Zuhörer unbedingt brauchen.

> *TIPP:*
> *Im Zweifelsfall immer Rücksprache mit der Lehrperson halten!*

Wenn du dein Thema selbst wählst, solltest du unbedingt auf den Umfang achten: Ist das Thema zu eng gewählt, langweilst du dein Publikum unter Umständen mit unnötigen Details und Spezialwissen. Ist das Thema zu weit gefasst, ist eine vertiefende Darstellung einzelner Aspekte unmöglich. Bitte auch hier deine Lehrperson um ein beratendes Gespräch.

Checkliste: Besprechung zur Themenfindung

- Wo soll der Schwerpunkt des Referates liegen?
- Was will ich mit meinem Referat erreichen?
- Welche Fragen und Unterthemen lassen sich formulieren?
- Welche Aspekte finde ich besonders spannend?
- Wie viel Zeit ist für die Durchführung des Vortrags vorgesehen?
- Gibt es Literatur, die mein Lehrer/Dozent mir empfehlen kann?
- Wann soll das Referat gehalten werden? Wie viel Zeit bleibt für die Vorbereitung?

Beispiel: Mind-Map für das Thema „Atomenergie"

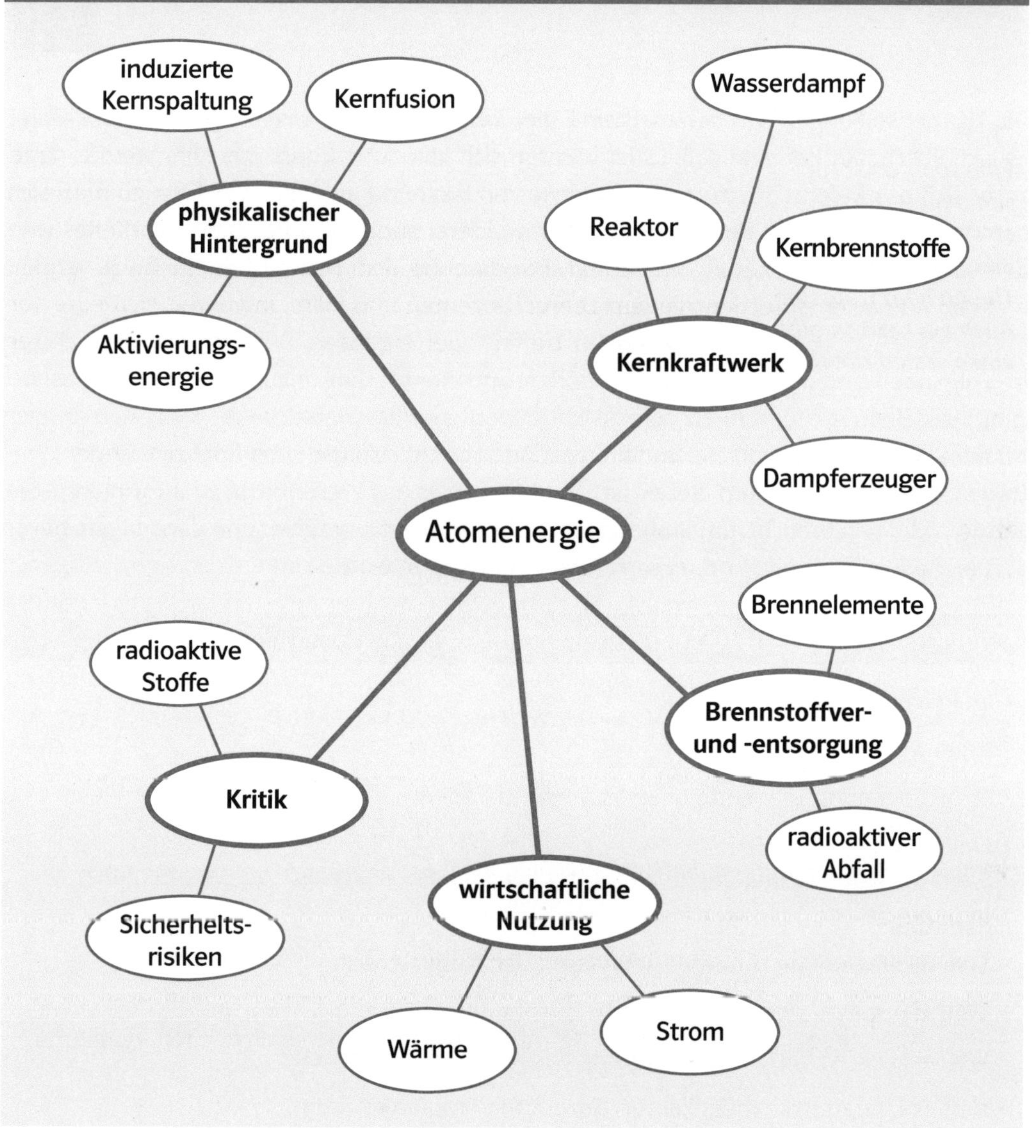

1.3 Welche Textsorte ist verlangt?

Die Themenstellung legt in den meisten Fällen bereits fest, um was für eine Art von Referat es sich überhaupt handeln soll. Es ist wichtig, sich klar zu machen, mit Hilfe welcher Textsorte sich das Referatsthema adäquat umsetzen lässt und an welche Richtlinien man sich demnach zu halten hat. Besonders wenn das Referat später schriftlich ausgearbeitet werden soll, ist es ratsam, bereits im Vorfeld die passende Textsorte für das Thema zu wählen und den Aufbau entsprechend zu gestalten.

Im Folgenden sind die wichtigsten Textsorten und ihre Merkmale kurz zusammengefasst.

Inhaltsangaben sind sachliche und knappe Zusammenfassungen von Büchern, Filmen, Vorträgen, Artikeln usw., deren Ziel es ist, den Leser über das Wesentliche zu informieren. Sie werden häufig gebraucht, um umfangreiches Material aufzubereiten und darzulegen, bevor vertiefend in eine Analyse oder Erörterung eingestiegen wird.

Checkliste: Merkmale von Inhaltsangaben

- im Präsens geschrieben
- keine wörtliche Rede
- keine Spannungselemente oder Ausschmückungen
- **Einleitung:**
  Dient der Orientierung und beantwortet wichtige Fragen (Was? Wer? Wo? Wann?)
- **Hauptteil:**
  Knappe und sachliche Zusammenfassung wesentlicher Elemente des Textes
- **Schluss:**
  Je nach Verwendungszweck Absicht des Autors oder auch persönliche Stellungnahme

Dokumentationen stellen zentrale Fakten, Aspekte, Zahlen usw. zu einem bestimmten Thema zusammen. Diese Informationen sollen dann für weitere Untersuchungen in einer Form zur Verfügung stehen, die es möglichst einfach macht, darauf zuzugreifen. Es geht also darum, das vorhandene Material zu sortieren, wesentliche Aspekte herauszugreifen und dem Stoff eine gewisse Ordnung zu geben, die einen schnellen Einblick ermöglicht. Wenn es sich um ein kontroverses Thema handelt, kann im Zuge der Systematisierung auch eine Kontrastierung vorgenommen werden, d. h. Gegensätzliches kann einander gegenüber gestellt werden.

Checkliste: Merkmale von Dokumentationen

- nach einem Ordnungssystem strukturiert
- übersichtlich und nachvollziehbar
- möglichst vollständig
- möglichst objektiv

Analysen können sich an Dokumentationen anschließen und gehen über die reine Beschreibung und Darstellung von Sachverhalten hinaus. Einzelne Aspekte des Themas werden erläutert und vertieft. Die sachliche Ebene bleibt aber auch hier erhalten, die eigene Meinung sollte keinen hohen Stellenwert einnehmen.

Checkliste: Merkmale von Analysen

- systematische Untersuchung formaler Aspekte
- Zerlegung in Bestandteile
- Ordnung, Untersuchung und Auswertung der einzelnen Bestandteile
- häufig die notwendige Vorstufe zur Interpretation

Interpretationen versuchen, den Sinn von Aussagen und Texten zu erfassen. Aufgabe des Interpretierenden ist es, sein Urteil über Sinn und Bedeutung des Textes möglichst plausibel und nachvollziehbar darzulegen. Bei literarischen Interpretationen ist es besonders wichtig, Inhalt und Form aufeinander zu beziehen.

Checkliste: Merkmale von literarischen Interpretationen

- **Einleitung:**
  Angaben zu Autor und Entstehungszeit; Thematik/Handlung des Textes
- Analyse des Inhalts (Figuren, Raum, Zeit, Themen)
- Analyse der Form (sprachliche Mittel, Erzählstruktur)
- evtl. Bezug zu anderen Texten und Autoren
- Verstehen der Aussage, Deutung
- **Schluss:**
  Zusammenfassung; Urteil

Erörterungen dienen dazu, den eigenen Standpunkt zu einer Fragestellung zu finden und argumentativ zu untermauern. Pro- und Kontraargumente werden einander gegenübergestellt, die eigene Meinung wird logisch begründet.

Checkliste: Merkmale von Erörterungen

- These, die zumindest zwei kontroverse Standpunkte zulässt
- **Einleitung:**
  Möglichst interessanter und ansprechender Einstieg
- **Hauptteil:**
  Sachliche, stringente und zusammenhängende Argumentation mit Belegen
- **Schluss:**
  Eigene Meinung; Zusammenfassung des Ergebnisses; evtl. Ausblick

Evaluationen sind Bewertungen von Problemen, Projekten und Prozessen. Empirische und statistische Daten sollen dabei helfen, die Evaluation argumentativ abzusichern. Entsprechend ist ein fundiertes Sachwissen Grundlage jeder Evaluation.

Checkliste: Merkmale von Evaluationen

- **Beschreibung:**
  Wie läuft etwas ab und was kommt dabei heraus?
- **Zielorientierung:**
  Welche Bedürfnisse sind vorhanden?
- Bewertung von Projekten und Prozessen
- Wirkungsüberprüfung und Informationsgewinn als Grundlage zur Optimierung

2. Wer sucht, der findet – Die Recherche

2.1 Wo suche ich, was ich brauche?

Die Recherche ist ein wichtiger Schritt auf dem Weg zu einem guten und vor allem informativen Referat. Die Möglichkeiten, nach geeignetem Material zu suchen, sind vielfältig.

Öffentliche Bücherei / Bibliothek

Der richtige Ort für die Recherche kann eine Bibliothek sein. Wenn du noch nicht mit den Gegebenheiten vertraut bist, lass dich vor Ort über das Bibliothekssystem informieren. Sowohl eine Suche nach thematischen Stichwörtern, als auch nach Autoren ist möglich. Du findest neben Fachbüchern, wissenschaftlichen Zeitschriften und aktueller Presse auch allgemeine Nachschlagewerke und Lexika.

> *TIPP*:
> *Stelle dir eine Liste mit Schlagwörtern zum Thema zusammen. So kommst du bei der Suche in der Bibliothek und im Internet schnell vorwärts.*

Archiv

In Archiven findest du Unterlagen, Schriftstücke, Pläne, Ton-, Bild- und Filmmaterial, die der Dokumentation und wissenschaftlichen Forschung dienen. Allerdings steht dieses Material nicht jedem frei zur Verfügung. Ein Besuch muss teilweise also angemeldet oder genehmigt werden. Das Ausleihen ist in der Regel nicht möglich, es können aber meist Kopien gemacht werden. Um besonders wertvolle Originale zu schonen, stehen diese häufig nur als Mikrofilmkopie zur Verfügung, was das Lesen etwas beschwerlicher macht. Vor allem, wenn das Thema die eigene Stadt oder nähere Gegend betrifft, kann es sich dennoch lohnen, das Stadt- oder Kreisarchiv zu besuchen.

Internet

Eine weitere Informationsquelle ist das Internet; das Problem ist hier aber, die gefundenen Seiten richtig einschätzen zu können und die verlässlichen Quellen von den zweifelhaften zu unterscheiden. Hierbei hilft es zum einen, sich eher auf Seiten von angesehenen Urhebern (Universitäten, Zeitschriften, Rundfunk) zu stützen. Zum anderen ist es ratsam, sich nicht nur auf eine Quelle zu verlassen, sondern mehrere zu vergleichen. (→ Kap. 2.2 und 2.4).

Zeitzeugen

Wenn du über ein geschichtliches Thema referieren sollst, das noch nicht zu lange zurück liegt, kann es besonders spannend sein, Personen zu befragen, die das Ereignis miterlebt haben. Video- oder Tonaufzeichnungen können dein Referat auflockern.

> *TIPP*:
> *Berichte von Privatpersonen sind nicht objektiv. Mache also immer deutlich, dass es sich um die Meinung von Einzelpersonen handelt.*

Checkliste: Vorbereitung auf ein Zeitzeugeninterview

- **gute Vorbereitung:**
  Ausreichende Kenntnisse über die historischen Hintergründe
- **Biografie des Zeitzeugen:**
  Wie alt ist dein Zeitzeuge und was hat er erlebt?
- Kernfragen überlegen und stichwortartig aufschreiben
- **Reihenfolge überlegen:**
  Chronologisch oder thematisch?
- Überleg dir, wie du auf bestimmte Antworten reagierst.
- Wähle einen ruhigen Ort für das Interview.
- Erkläre dem Interviewpartner, worum es geht und wie du das Interview weiterverwendest.

Checkliste: Während des Zeitzeugeninterviews

- freundliche Atmosphäre: Versuche Vertrauen zu schaffen
- Fragen höflich und respektvoll stellen
- Blickkontakt halten und durch Mimik (Nicken, Lächeln) Interesse signalisieren
- nicht unterbrechen
- bei ungenügenden Antworten: Die Frage – etwas umformuliert – nochmals stellen

2.2 Wo recherchiere ich im Internet?

Die erste Anlaufstelle im Internet ist meist eine der zahlreichen **Suchmaschinen**, mit deren Hilfe man zu einem bestimmten Stichwort eine Liste von Verweisen auf mögliche relevante Internetseiten erhält (→ Kap. 2.3). **Metasuchmaschinen** dienen ebenfalls der Suche zu bestimmten Schlagwörtern. Allerdings benutzen Metasuchmaschinen andere Suchmaschinen (in der Regel mehrere gleichzeitig), sammeln die Ergebnisse und bereiten sie auf. Weiter unter sind sowohl einige Suchmaschinen als auch Metasuchmaschinen aufgelistet.

Alle wichtigen Zeitungen, Zeitschriften sowie Fernseh- und Rundfunkanstalten sind inzwischen im Netz. Dort hast du meist auch Zugriff auf umfangreiche **Archive** und die neusten **Nachrichten**. In Archiven kannst du meist auch nach Stichwörtern suchen.

Online gibt es natürlich auch zahlreiche nützliche **Nachschlagewerke** wie Lexika und Enzyklopädien, die dir die Arbeit erleichtern und eine erste Anlaufstelle sein können. Viele dieser Dienste sind kostenfrei, manchmal muss man aber auch dafür zahlen.

Wenn du im Internet unterwegs bist, solltest du sehr genau darauf achten, woher die Informationen stammen und ob die **Quelle** in angemessener und ausreichender Form angegeben ist. Im Internet gibt es in der Regel keinen Lektor, der Inhalte auf Richtigkeit und Vollständigkeit überprüft. Am sichersten ist es, wenn du dich auf seriösen Seiten bewegst (z. B. Seiten von Universitäten) und Fakten, bei denen du dir unsicher bist, noch einmal überprüfst (z. B. mit Hilfe eines Buches oder eines Lexikons). Speichere Internetseiten, die du verwendest, ab oder drucke sie aus. Du solltest dir auf jeden Fall die URL (d. h. die Adresse der Seite) notieren, um sie dann als Quelle angeben zu können.

Natürlich gibt es auch Seiten, auf denen bereits **fertige Facharbeiten, Referate und Hausarbeiten** angeboten werden. Du solltest dir aber gut überlegen, ob du dieses Material verwenden willst, es kommt schließlich aus zweiter Hand und du weißt nicht, wie zuverlässig der Verfasser gearbeitet hat. Es wörtlich zu übernehmen, wäre sowieso ein Plagiat (Gedankendiebstahl) und damit verboten. Außerdem kannst du dir sicher sein: Was du im Internet findest, findet auch dein Lehrer. Wenn er ein Plagiat entdeckt, wird er deine Arbeit mit ‚ungenügend' bewerten.

Ein großes Problem ist häufig, dass man sich einer ungeheuren **Fülle von Material** gegenüber sieht, das man kaum überblicken kann. Falsch wäre es dann, die erste Quelle einfach zu nehmen und sich damit zufrieden zu geben. Gerade im Internet ist es wichtig, Material sorgfältig zu überprüfen – dann fallen bestimmte Seiten sowieso recht schnell weg. In Kapitel 2.4 wird auf diese Frage noch einmal detailliert eingegangen.

Fasse bei deiner Recherche kein vorschnelles Urteil, sondern prüfe zunächst geduldig das Material und sammle verschiedene Aspekte und Sichtweisen, sodass deine Meinung wohlüberlegt und gut begründet ist.

Im Folgenden sind einige Adressen für dich zusammengestellt.

Lexika und Enzyklopädien

www.schuelerlexikon.de (Schülerlexikon)
www.wikipedia.org (Wikipedia)
www.pons.com (Wörterbücher)

Suchmaschinen

altavista.de
fireball.de
google.de
lycos.de

Meta-Suchmaschinen

www.metager.de
www.meta-spinner.de
www.apollo7.de

Verzeichnisse von Katalogen, Linksammlungen und Suchmaschinen

www.allesklar.de
www.recherchetipps.de
www.suchlexikon.de
www.suchmaschine.com
www.web.de
www.yahoo.de

Bibliotheken

www.dnb.d-nb.de (Deutsche Nationalbibliothek)
www.gbv.de/vgm (Gemeinsamer Bibliotheksverbund)

Presse im Internet

www.faz.net
www.focus.de
www.presseleser.de
www.spiegel.de
www.stern.de
www.sueddeutsche.de
www.welt.de
www.zeit.de
www.zeitungen.de

Nachrichten von ARD und ZDF

www.heute.de
www.tagesschau.de

Nachrichten-Server

www.paperball.de
www.paperboy.de

Natur und Wissenschaft

www.geo.de
www.wissenschaft.de
www.wissenschaft-online.de

2.3 Wie benutze ich eine Internet-Suchmaschine?

Eine Recherche im Internet sollte gut geplant sein – sonst kann man hier Stunden vertrödeln, ohne zu einem Ergebnis zu kommen. Überlege dir also, bevor es losgeht, welche Stichwörter du eingeben möchtest. Wenn dein Stichwort zu allgemein ist, wirst du viel zu viele Treffer erzielen, wenn es allerdings zu präzise ist, bekommst du unter Umständen gar keinen Treffer. Manchmal lohnt es sich, ein Lexikon zu Rate zu ziehen, um geeignete Stichwörter (z. B. Namen oder Orte) für dein Thema zu finden. Eine zusätzliche Hilfe bei der Suche bieten auch spezielle **Suchoperatoren,** die im Folgenden kurz vorgestellt werden.

Suche mit Anführungszeichen

Die Wörter, die bei einer Suchanfrage in Anführungszeichen stehen, behandelt die Suchmaschine als einen festen Begriff/eine Phrase. Es werden vor allem die Seiten angezeigt, die diesen festen Begriff/diese Phrase enthalten.

Wenn man z. B. Informationen über die Wüste Atacama sucht, könnte der Suchbegriff *„Wüste Atacama"* lauten.

Suche mit Pluszeichen

Wenn man zwei, drei oder mehrere Wörter durch ein Pluszeichen zu einer langen Suchanfrage verbindet, werden als Treffer diejenigen Seiten angezeigt, auf denen alle durch das Pluszeichen verbundenen Begriffe gleichzeitig vorkommen. Bei einigen Suchmaschinen muss statt Plus das Wort AND zwischen die Suchbegriffe gesetzt werden.

Eine Suchanfrage wie z. B.: *Wüste +Atacama +Temperatur* zeigt deshalb vor allem Treffer, bei denen es um die Temperaturen in der Atacamawüste geht.

Suche mit Minuszeichen

Wörter, die man aus einer Suche ausschließen möchte, kann man mit einem Minuszeichen versehen. Bei einigen Suchmaschinen muss statt Minus das Wort NOT zwischen die Begriffe gesetzt werden.

Eine Suchanfrage mit z. B. *Wüste -Atacama -Sahara* bringt Treffer, bei denen es um Wüste, aber nicht um Atacama bzw. Sahara geht.

Suche mit OR

Wenn man zwei Begriffe mit OR verbindet, werden nur die Seiten angezeigt, die entweder den einen oder den anderen Begriff enthalten.

Die Suchanfrage wie z. B. *Wüste OR Sand* bringt vor allem Fundstellen, in denen es entweder um Wüste oder um Sand geht.

Suche mit Sternchen
Wenn man direkt nach einem Suchbegriff zusätzlich noch ein Sternchen (sog. Platzhalter) hinzufügt, werden als Treffer alle Quellen angezeigt, die Zusammensetzungen mit dem Suchbegriff am Anfang enthalten. Wenn man z. B. nach *Atacama** sucht, bekommt man als Treffer Seiten über Atacama-Wüste, Atacama-Wetter, Atacama-Region usw.

Suche mit def!
Wenn man vor dem Suchbegriff def! hinzufügt, bekommt man als Treffer vor allem Seiten, die eine Definition des Suchbegriffs enthalten. Diese sog. Makro-Suche funktioniert allerdings nur bei der Suchmaschine Google®.
Mit dem Suchbegriff *def! Wüste* kann man schnell eine Definition zu Wüste finden.

2.4 Wie überprüfe ich Qualität und Informationsgehalt meines Materials?

TIPP:
Beginne zunächst mit allgemeineren Büchern und Texten, bevor du dich mit Spezialgebieten befasst.

Bücher
Die erste Orientierung, ob ein Buch für dich relevant ist oder nicht, gibt häufig bereits der Titel. Wesentlich mehr verraten aber das Inhaltsverzeichnis und die Einleitung. Themen und Aufbau des Buches können hier entnommen werden. Im Stichwortverzeichnis (Personen- und Sachregister) am Ende des Buches kannst du zusätzlich nach bestimmten Begriffen suchen und so gezielt bestimmte Textpassagen zu einem Stichwort finden und lesen.

Checkliste: Die Nützlichkeit eines Buches schnell beurteilen

- Inhaltsverzeichnis lesen
- Stichwortverzeichnis überfliegen
- Vorwort/Einführung anlesen
- zwei oder drei willkürlich ausgewählte Textpassagen anschauen

TIPP:
Um die Qualität eines Buches wirklich beurteilen zu können, solltest du mehrere Bücher gelesen und verglichen haben.

Es ist wichtig, nicht nur die Nützlichkeit eines Buches zu beurteilen, sondern auch seine Qualität zu erkennen. Manche Bücher sind unausgewogen und stellen eine Sachlage einseitig dar. Nicht immer ist es einfach, das auf den ersten Blick zu erkennen – vor allem dann nicht, wenn man selbst von der Thematik recht wenig Ahnung hat. Wenn man sicher gehen möchte, kann man seinen Lehrer nach geeigneter Literatur fragen oder recherchieren, welchen Hintergrund der Autor mitbringt. Die wichtigste Regel ist sicher, sich nicht mit dem ersten besten Text zufrieden zu geben. Besonders Informationen aus dem Internet sollten sorgfältig geprüft werden. Die folgende Checkliste soll helfen, die Qualität eines Buches angemessen zu beurteilen.

Checkliste: Die Qualität eines Buches beurteilen

- Wer ist der Autor des Buches? Welchen wissenschaftlichen Hintergrund hat er?
- Ist die Quelle verlässlich und lässt Niveau und Objektivität erwarten?
- Ist das Thema ausgewogen dargestellt oder wird etwas verschwiegen/verfälscht?
- Ist die Untersuchungsgrundlage repräsentativ und aussagekräftig?
- Argumentiert der Text logisch und nachvollziehbar?

Zeitschriften

In vielen Fachzeitschriften befindet sich am Anfang oder Ende der einzelnen Beiträge eine kurze Zusammenfassung. Danach kannst du oft bereits entscheiden, ob es sich für dich lohnt, den ganzen Artikel genau zu lesen. Auch Zwischenüberschriften liefern Hinweise über die behandelten Themen des Artikels.

Lexikonartikel

Sie liefern eine Fülle an Information in sehr komprimierter Form. Sie sind also zum einen dafür geeignet, sich einen Überblick zu verschaffen, zum anderen dafür, weitere Stichwörter für die Suche zu finden. Manches in einem Lexikonartikel muss an einer anderen Stelle nachgeschlagen und durch zusätzliche Informationsquellen angereichert werden.

Internet

Überlege dir eine Liste mit Stichwörtern, die bei deiner Suche sinnvoll sein könnten und nutze bei den gefundenen Texten die Suchfunktionen deines Browsers – so kannst du einen Artikel, den du im Internet findest, sehr einfach nach bestimmten Begriffen durchsuchen. Vor allem im Internet solltest du die Quelle des Artikels und seine Seriosität besonders gründlich untersuchen.

TIPP:
Achtung: Rechne für die Recherche im Internet viel Zeit ein. Sie ist oft aufwändiger als man denkt.

Checkliste: Die Qualität von Material aus dem Internet prüfen

- Ist der Text für mein Thema relevant?
- Ist die Urheberschaft eines Artikels oder einer Statistik angegeben?
- Ist die Quelle oder der Autor seriös und niveauvoll?
- Ist der Zeitpunkt der Veröffentlichung angegeben? Sind die Informationen aktuell?
- Wird das Thema objektiv dargestellt und von mehreren Seiten beleuchtet?
- Wird das Thema sachlich richtig und vollständig dargestellt?

Nicht alles, was du im Internet findest, solltest du ungefiltert übernehmen. Häufig sind Seiten unseriös und nicht wissenschaftlich fundiert. Bei bestimmten Quellen ist die Gefahr besonders hoch, dass Inhalte subjektiv oder ideologisch gefärbt sind.

Checkliste: Diese Quellen sollten mit Vorsicht behandelt werden

- Beiträge aus Internetforen und Blogs
- Informationen aus Werbebeiträgen
- Firmenseiten
- Private Produktbewertungen
- Seiten von religiösen Trägern und Sekten

2.5 Wie notiere ich, was ich finde?

Während der Materialsuche erscheint es oft problematisch, die Informationen so zu notieren, dass sie später gut verarbeitet werden können.

> *TIPP:*
> *Notiere immer auch die genaue Quelle der gefundenen Information, da du diese später ohnehin angeben musst.*

Lesetechniken

Bei deiner Recherche geht es darum, möglichst schnell zu beurteilen, ob ein Text für dich relevant ist oder nicht. Verschaffe dir einen Überblick über den Inhalt, indem du die Seiten überfliegst und die Schlüsselwörter erfasst. Entscheide dann, ob es sich lohnt diesen Text genauer zu bearbeiten.

Texte exzerpieren

Markiere in den Texten, die du als wichtig erachtest, zentrale Stellen und schreibe dir zur eigenen Orientierung Überbegriffe an den Rand. Mache dir die Hauptgedanken des Textes klar und fasse diese in eigenen Worten zusammen. Du kannst auch mit Abkürzungen und Symbolen arbeiten, um dir den Überblick zu erleichtern. Eine Definition könntest du mit *Def.* am Rand kennzeichnen, ein Argument mit *A*, ein Beispiel mit *Bsp.*, wichtige Stellen mit *!*, unklare Stellen, die du später genauer anschauen oder nachschlagen möchtest, mit *?*.

> *TIPP:*
> *Entnimm keine Textpassagen wörtlich, ohne sie als Zitate zu kennzeichnen.*

Vorstrukturieren

Es bietet sich an, das Material in Mind-Maps (→ Kap. 1.2) oder Clustern thematisch vorzustrukturieren. Man sollte einzelne Aspekte, die man in Büchern, Zeitschriften oder im Internet findet, gleich so zusammenstellen, dass man sie später wieder findet und bei der Erarbeitung keinen Aspekt vergisst.

Zitieren

Notiere Zitate, die du womöglich in deinem Vortrag zur Verdeutlichung verwenden willst, mit genauen Quellenangaben (Autor, Titel, Ort: Verlag, Jahr, Seitenzahl; z. B.: Hufnagel, Elke: *Schulgrammatik Plus Deutsch*. Stuttgart: PONS, 2009, S. 242–244).

Literaturverzeichnis anlegen

Du musst alle verwendeten Quellen angeben. Lege dir deshalb eine Liste an, auf der du die Angaben aller verwendeten Materialien notierst. Eventuell muss diese Liste auch abgegeben werden. In einem solchen Literaturverzeichnis (Bibliografie) werden folgende Abkürzungen verwendet.

Beispiel: Abkürzungen beim Bibliografieren	
Hrsg./Hg.	Herausgeber/-in (in Klammer hinter Namen)
ders./dies.	der- oder dieselbe Autor/-in (wenn man direkt davor bereits einen anderen Text des Autors angeführt hat)
ebd.	ebenda (wenn man direkt davor bereits aus dem gleichen Text zitiert hat)
f./ff.	folgende Seite/Seiten (also anstatt S. 17–18: S. 17f. und anstatt S. 34–48: S. 34ff.)
o.J.	ohne Jahr (wenn das Erscheinungsjahr nicht angegeben ist)
o.O.	ohne Ort (wenn kein Ort angegeben ist)

Checkliste: Literaturverzeichnis (Bibliografie)

- **Bücher**
  Name, Vorname: Titel. Ort: Verlag, Jahr.
- **Zeitschriftenartikel**
  Name, Vorname: „Titel". In: Name der Zeitschrift. Ausgabe. Ort: Verlag, Jahr. Seite.
- **Internetseiten**
  vollständige Webadresse, in Klammern dahinter das Datum, an dem die Seite besucht wurde.
- Internetseiten werden separat von Büchern und Zeitschriften aufgelistet.
- Die Namen der Autoren werden alphabetisch sortiert.

2.6 Wie formuliere ich aus, was ich mir notiert habe?

TIPP:
Verwende nur Begriffe, die du verstehst und erklären kannst.

Du solltest dein Referat möglichst in eigenen Worten wiedergeben – nicht nur, weil es deinen Mitschülern dann leichter fallen wird, dir zu folgen und die Inhalte zu verstehen, sondern auch, weil du so zeigen kannst, dass du dein Thema wirklich verstanden hast. Es macht nichts, wenn du dich dabei sprachlich sehr vom Ausgangstext entfernst, solange du den Inhalt treffend wiedergibst. Du solltest alle wesentlichen Informationen beibehalten und eine sinnvolle Reihenfolge wählen. Verzichte auf schwierige Fremdwörter und erkläre Fachbegriffe, sonst überforderst du deine Zuhörer.

Checkliste: Mit eigenen Worten den Inhalt wiedergeben

- Beschreibe ich alles mit meinen eigenen Worten?
- Gebe ich den Inhalt treffend wieder?
- Ist meine Reihenfolge sinnvoll?
- Kann ich Fachbegriffe verständlich erklären?
- Verwende ich nicht zu viele Fremdwörter?
- Ist meine Sprache angemessen und stilistisch einwandfrei? (→ Kap. 3.7)

2.7 Wie strukturiere ich, was ich verwenden will?

TIPP:
Lege am besten für jeden Unterpunkt ein eigenes Kartensystem an, das erleichtert das Zuordnen der verschiedenen Informationen.

Mit dem Rohmaterial, das während der Recherche gesammelt wurde, wird nun eine endgültige Struktur erarbeitet. Du solltest dir noch einmal genau deine Themenformulierung und Zieldefinition anschauen. Überlege dir, welche der Informationen du tatsächlich auch verwenden willst bzw. solltest.

Finde Überschriften zu Unterkapiteln und bringe diese in eine schlüssige Reihenfolge. Ordne dann dein Material diesen Unterpunkten zu. (→ Kap. 5.1)

Beispiel: Gefundenes Material sinnvoll ordnen

Ungeordnete Sammlung	Mögliche Ordnung
Innerhalb der EU besteht Kennzeichnungspflicht für gentechnisch veränderte Produkte. Der Verbraucher kann seine Kaufentscheidung selbstständig mit Hilfe der Kennzeichnung fällen. Für die Wirtschaft ist es besser, die Produkte zu kennzeichnen, als sie ganz zu verbieten. Der Staat hat die Aufgabe, seine Bürger zu schützen und muss deshalb vor möglichen Gefahren warnen. Eine Kennzeichnung hilft dem Verbraucher und ist nicht teuer, da es bereits andere Kennzeichnungen gibt. Nach der europäischen Kennzeichnungsverordnung muss ein verpflichtender Hinweis auf die Zutatenliste auf das Etikett bei mehr als 0,9 % genmanipulierter Rohstoffe. Durch die Kennzeichnung entsteht ein negatives Bild von gentechnisch veränderten Lebensmitteln, obwohl wissenschaftlich nicht erwiesen ist, dass solche Lebensmittel überhaupt schädlich sind. Unternehmer werden zurückhaltender mit Investitionen in Forschung und Entwicklung sein, wenn ihre Produkte mit einem negativen Image belegt sind. Es kann ein großer Schaden für die Wissenschaft entstehen. Gen-Food beschreibt Lebensmittel – sowohl von Tieren als auch von Pflanzen – deren Genom gentechnisch verändert wurde.	Definition Gen-Food = Lebensmittel (pflanzlich/tierisch), deren Genom gentechnisch verändert wurde Rechtliche Lage (europäische Kennzeichnungsverordnung): Verpflichtender Hinweis auf Etikett bei mehr als 0,9 % genmanipulierter Rohstoffe (auf Zutatenliste: gentechnisch verändert) Nicht bei: Fleisch, Milch, Eier von Tieren, die mit gentechnisch verändertem Futter gefüttert wurden. Argumente für Kennzeichnung *Entscheidungsfreiheit* Der Verbraucher kann seine Kaufentscheidung selbstständig mit Hilfe der Kennzeichnung fällen. *Nutzen überwiegt Kosten* Eine Kennzeichnung hilft dem Verbraucher und ist nicht teuer, da es bereits andere Kennzeichnungen gibt. *Kennzeichnung besser als Verbot* Für die Wirtschaft ist es besser, die Produkte zu kennzeichnen, als sie ganz zu verbieten. *Staat muss Bürger schützen* Der Staat hat die Aufgabe, seine Bürger zu schützen und muss deshalb vor möglichen Gefahren warnen.

Beispiel: Gefundenes Material sinnvoll ordnen

Ungeordnete Sammlung	**Mögliche Ordnung**
Züchtung war schon immer völlig normal, Gentechnik beschleunigt den Prozess lediglich. Es gibt demnach keinen Unterschied zwischen herkömmlichen und veränderten Lebensmitteln. Die Kennzeichnung muss nicht nur durchgeführt, sondern auch kontrolliert werden, was mit hohen Zusatzkosten verbunden ist. Man braucht keinen Hinweis bei Fleisch, Milch und Eiern von Tieren, die mit gentechnisch verändertem Futter gefüttert wurden.	Argumente gegen Kennzeichnung *Kein Unterschied zwischen herkömmlichen und veränderten Lebensmitteln* Züchtung war schon immer völlig normal, Gentechnik beschleunigt den Prozess lediglich. *Hohe Kosten mit Kennzeichnung verbunden* Die Kennzeichnung muss nicht nur durchgeführt, sondern auch kontrolliert werden, was mit hohen Zusatzkosten verbunden ist. *Kein erwiesenes Risiko* Durch die Kennzeichnung entsteht ein negatives Bild von gentechnisch veränderten Lebensmitteln, obwohl wissenschaftlich nicht erwiesen ist, dass solche Lebensmittel überhaupt schädlich sind. *Forschungsstandort Deutschland wird geschwächt* Unternehmer werden zurückhaltender mit Investitionen in Forschung und Entwicklung sein, wenn ihre Produkte mit einem negativen Image belegt sind.

Fertig: Auftritt vorbereiten

3. Ab in die Startlöcher – Vorbereitung und Visualisierung

3.1 Welche Möglichkeiten des Medieneinsatzes habe ich?

Tafel, Flipchart, Poster, Folie, Computer, Film oder Tonträger? Überlege dir, mit welchen Medien du deine Inhalte präsentieren kannst: Welches Medium ist am besten geeignet, die einzelnen Aspekte verständlich zu machen und zu veranschaulichen?

> *TIPP:*
> *Überprüfe die verwendeten Bilder, Filme und Tonträger auf ausreichende Bild- und Tonqualität hin.*

Stelle dir auch die Frage, was du mit deinem Medieneinsatz erreichen möchtest. Soll das Gesagte ergänzt, vertieft oder einfach wiederholt und verdeutlicht werden? Dient eine Visualisierung als Orientierungshilfe? Soll eine Zusammenfassung wesentlicher Punkte erfolgen oder ein Überblick gegeben werden? Vielleicht willst du die Zuhörer durch ein Bild oder einen Filmausschnitt emotional ansprechen oder eine Stellungnahme provozieren? Mache dir Ziel und Zweck deines Medieneinsatzes deutlich und wähle demnach Medium und Gestaltung aus. Der Medieneinsatz sollte niemals nur Lückenfüller sein.

Berücksichtige bei deinen Überlegungen auch den Arbeitsaufwand während der Vorbereitung und wie einfach oder kompliziert die Handhabung während deines Referates ist.

> *TIPP:*
> *Entscheide dich für wenige, sinnvolle und passende Medien. Zu viele verschiedene Medien überfordern den Zuhörer.*

Die Tafel kann während deines Referates dafür genutzt werden, Äußerungen aus dem Plenum zu sammeln oder einige Stichpunkte zu notieren. Komplexere Schaubilder solltest du, wenn die Möglichkeit besteht, schon vor dem Vortrag anbringen, oder dich für eines der anderen Medien entscheiden. Es kann Zuhörer langweilen, wenn sie dir zu lange beim Erstellen eines Tafelbilds zusehen müssen. Achte darauf, dass die Tafel ordentlich geputzt ist, verschmierte Tafeln erschweren die Lesbarkeit. Arbeite mit unterschiedlichen Farben. Wenn du während des Vortrags ein Tafelbild erstellst, solltest du darauf achten, nicht gleichzeitig zu sprechen und zu schreiben. Wende dich immer deinen Zuhörer zu, wenn du etwas erläuterst. Und noch ein kleiner Hinweis: Kreide hinterlässt unschöne Spuren an den Händen – wenn man also den weiteren Vortrag nicht mit Kreideflecken auf der Kleidung halten möchte, sollte man seine Hände von der Kleidung fernhalten.

Flipcharts haben eine ähnliche Funktion wie die Tafel. Besonders eignen sie sich für Stichwortsammlungen und Skizzen. Man kann hier innerhalb kürzester Zeit verschiedene Aspekte auf einem jeweils neuen Blatt behandeln. Auch hier hast du die Möglichkeit, mit farbigen Stiften zu arbeiten – achte aber unbedingt darauf, dass diese auch funktionieren. Hinterher können die Blätter als Gedächtnisstütze im Vortragsraum aufgehängt werden. Dafür kannst du Klebeband oder Reiszwecken mitbringen.

Plakate haben den Vorteil, dass sie während des gesamten Referates präsent sind und auch darüber hinaus als Erinnerungsstütze und Ergebnis genutzt werden können.

Folien sind sehr flexibel einsetzbar, da sie vor dem Vortrag erstellt werden können, aber auch spontane Ergänzungen während des Referates zulassen. Du kannst dabei auch Informationen schrittweise ergänzen. So können die Zuschauer die Entwicklung der Gedankengänge nach und nach mitverfolgen. Zu beachten ist hier allerdings der Faktor Zeit: Wenn Folien während des Referates erstellt oder vervollständigt werden, musst du entsprechend viel Zeit dafür einplanen. Achte auch dann auf die Schriftgröße und die Übersichtlichkeit. Folien sollten nicht mit Information überladen sein. Die Zuschauer sollen Folien leicht überblicken können.
Farbliche Hervorhebungen und unterschiedliche Schriftarten können helfen, Folien übersichtlich zu gestalten – etwa bei Gegenüberstellungen. Auch hier gilt der Grundsatz: weniger ist mehr. Drei Farben bzw. Schriftarten sollten genügen.
Auch zu viele Folien können den Zuschauer überfordern. Die Zuschauer sollten immer genügend Zeit haben, die Informationen einer Folie zu „verdauen", bevor die nächste aufgelegt wird (→ Kap. 3.7).

Der Computer bietet die Möglichkeit, Grafiken, Bilder und Auflistungen mit Powerpoint zu erstellen und mit Hilfe des Beamers zu zeigen. Besonders wenn zahlreiche Bilder, Diagramme und Illustrationen eingesetzt werden sollen, ist dieses Medium sinnvoll. Achte aber auch hier darauf, dass deine Zuschauer Zeit brauchen, die Eindrücke aufzunehmen und zu verarbeiten.

Filme oder Filmsequenzen können einzelne Aspekte deines Themas eindrücklich veranschaulichen. Allerdings sollte der gewählte Ausschnitt genau auf das Thema abgestimmt sein und nur einen kleinen Teil deines Referates einnehmen. Nimm während deines Referates Bezug auf die gezeigten Szenen.

Tonträger können ähnlich wie Filme eingesetzt werden. Musik, Interviewausschnitte, Lesungen oder ähnliches lockern den Vortrag auf und können als Ausgangspunkt oder Beispiel dienen.

Checkliste: Welche Ansprüche an Filme und Tonträger müssen erfüllt sein?

- Ist der Filmausschnitt in dieser Länge tatsächlich notwendig?
- Tragen die ausgewählten Materialien zusätzliche Informationen zum Thema bei?
- Sind sie eine sinnvolle Ergänzung zum Thema und veranschaulichen es?
- Oder ist das Material eigentlich nur ein Lückenfüller?
- Ist die Bild- und Tonqualität in Ordnung?

3.2 Welche zusätzlichen Möglichkeiten der Visualisierung gibt es?

Du kannst deinen Zuhörern auch noch weitere optische Hilfen auf dem Handout oder auf Folien geben, um ihnen Orientierung und Verständnis zu erleichtern. Mit Diagrammen beispielsweise werden Häufigkeiten dargestellt. Symbole können die Verständlichkeit unterstützen oder logische Verknüpfungen verdeutlichen.

Symbole zur Verdeutlichung dienen meist der Hervorhebung von Inhalten. Der Blick des Betrachters wird automatisch auf bestimmte wesentliche Begriffe gelenkt, eine Orientierung wird erleichtert. Im Text selbst kannst du Umrahmungen und Unterstreichungen vornehmen, am Textrand kannst du einfache Symbole zeichnen, z. B. Pfeile, Ausrufezeichen, oder auch Glühbirnen sowie lachende und weinende Gesichter. Hier ein paar Beispiele mit ihren möglichen Bedeutungen:

> *TIPP:*
> *Übertreibe es nicht mit Symbolen und Orientierungshilfen – sonst wird es unübersichtlich.*

Logische Symbole sind prägnant und klar. An entsprechenden Stellen im Text platziert, zeigen sie Verknüpfungen und Zusammenhänge zwischen Aussagen an.
Hier ein paar Beispiele:

> *TIPP:*
> *Alle Symbole kannst du auch bei deiner eigenen Textanalyse verwenden.*

Kreisdiagramme stellen Anteile eines Ganzen dar, so werden unterschiedliche Verteilungen deutlich. Tortendiagramme sind dreidimensionale Varianten von Kreisdiagrammen, meist aber nicht so übersichtlich.

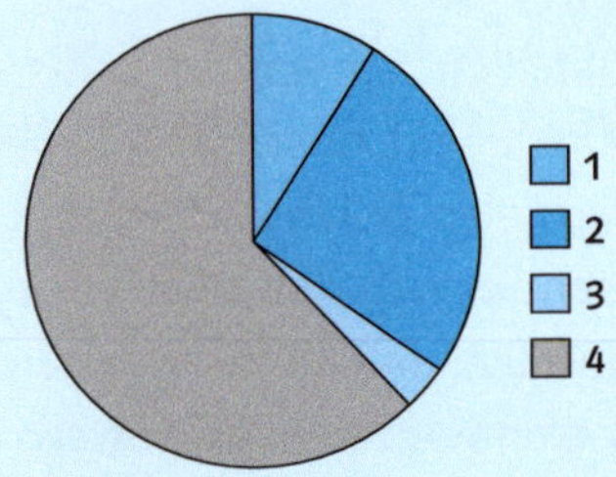

Kreisdiagramm

Säulendiagramme eignen sich besonders, um Unterschiede darzustellen. Balkendiagramme sind Säulendiagramme, die um 90° gedreht sind. Du solltest besonders auf eine aussagekräftige Beschriftung beider Achsen achten und eventuell die Werte an den einzelnen Säulen angeben.

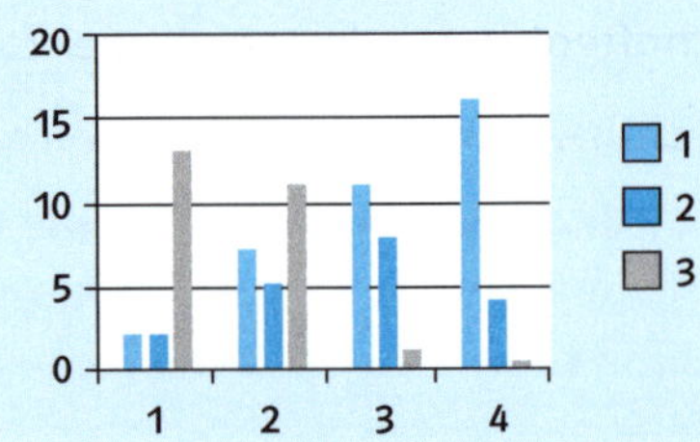

Säulendiagramm

Liniendiagramme (oder Kurvendiagramme) verzeichnen einen Verlauf oder eine Entwicklung. Achte aber auf den Maßstab – ist er zu klein gewählt, werden die Ausschläge größer und die Ergebnisse können dramatischer wirken, als sie es eigentlich sind. Du solltest außerdem nicht mehr als vier Kurven in einem Schaubild darstellen, sonst wird das Diagramm unübersichtlich.

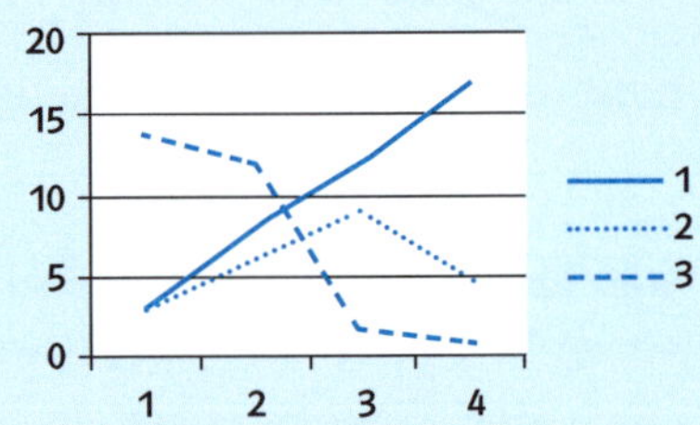

Liniendiagramm

> *TIPP:*
> *Pro Diagramm nicht mehr als eine Aussage!*

Viele können sich visualisierte Inhalte wesentlich besser einprägen, trotzdem gilt die Regel, dass weniger mehr ist. Wer alles visualisiert, schafft weder Übersichtlichkeit noch Einfachheit, der Zuhörer wird schlicht überfordert. Frage dich deshalb immer, ob das Diagramm tatsächlich zum Verständnis benötigt wird. Außerdem sollte immer zunächst festgelegt werden, welche Aussage visuell unterstützt werden soll, bevor man sich für einen Diagrammtyp entscheidet (→ Kap. 5.3).

Tabellen

Auch Tabellen können dir helfen, Informationen übersichtlich zu präsentieren. In einem Word-Dokument lassen sich Tabellen sehr einfach mit dem Befehl „Tabelle einfügen" mit beliebig vielen Zeilen und Spalten erstellen, die du mit Hilfe von „Tabellenformat" individuell gestalten kannst. Natürlich solltest du auch bei einer Tabelle auf Übersichtlichkeit achten und eine Schriftgröße von mindestens 18 Punkt wählen. Wenn du Zahlen in Tabellen auflistest, empfiehlt sich mindestens 20 Punkt, außerdem solltest du wichtige Zahlen oder Auffälligkeiten, auf die du hinweisen möchtest, fett oder farbig markieren.

Checkliste: Tabellen

- Schriftgröße mindestens 18, bei Zahlen 20 Punkt
- Wichtiges farbig oder fett hervorheben
- bei Zahlen maximal zwei Stellen nach dem Komma
- auf Übersichtlichkeit achten, nicht zu viel Information
- übersichtliches Ordnen der Information

3.3 Welche Lerntypen sollte ich bei der Planung berücksichtigen?

Die Art und Weise, wie Menschen am besten lernen, ist individuell verschieden. Untersuchungen haben aber gezeigt, dass der Lernerfolg in der Regel dann am größten ist, wenn möglichst viele Sinne am Lernprozess beteiligt sind. Beim Lernen müssen Vorgänge erkannt, verarbeitet und gespeichert werden.

Auditiv
Manche Lerner können sich Dinge besonders gut merken, wenn sie sie hören (auditiver Lerntyp). Für diesen Lerntyp sind Vorträge und mündliche Erklärungen wichtig.

Visuell
Andere Lerner können sich Inhalte über das Sehen besser einprägen. Für diesen Lerntyp ist es wichtig, zentrale Punkte schriftlich an der Tafel oder auf Folie vor sich zu sehen, oder auch Bilder, Grafiken und Diagramme zu betrachten. Auch Filmausschnitte oder Plakate helfen diesem Lerntyp.

Motorisch
Manchen Lernern hilft es Dinge auszuprobieren und nachzubauen. Natürlich kann das nicht bei jedem Referatsthema berücksichtigt werden. Versuche aber, soweit dies möglich ist, auch diesen Lerntyp bei deiner Planung zu berücksichtigen. Vielleicht gibt es einfache Experimente, die alle machen können.

Kommunikativ
Kommunikativen Lerntypen erschließen sich bestimmte Sachverhalten besonders einfach über Gespräche und Diskussionen. Du kannst in dein Referat oder ans Ende kleine Gesprächs- und Diskussionsphasen einplanen, um diesen Lerntyp zu unterstützen.

3.4 Wie bereite ich mich auf meinen Auftritt vor?

Übungspräsentation

Sie gibt dir Sicherheit und weist dich auf eventuelle Schwachpunkte hin. Du kannst deine Freunde bitten, bei der Übungspräsentation auf bestimmte Dinge zu achten, dann wird es ihnen leichter fallen, dir eine differenzierte Rückmeldung zu geben. Wenn du bereits weißt, wo deine Schwachpunkte liegen, kannst du sie bitten, darauf besonderes Augenmerk zu legen.

Checkliste: Worauf ein Freund bei einer Übungspräsentation achten könnte

- Kann man dem Inhalt leicht folgen?
- Gelingt es mir, komplizierte Sachverhalte einleuchtend zu erklären?
- Veranschauliche ich wichtige Aspekte sinnvoll?
- Gebe ich genügend Beispiele?
- Folgen die einzelnen Punkte logisch aufeinander?
- Ist die Struktur des Referates klar?
- Ist meine Wortwahl, mein Ausdruck und mein Stil dem Thema angemessen?
- Spreche ich klar, laut und deutlich?
- Spreche ich frei?
- Ist meine Körpersprache angemessen?
- Wird die vorgegebene Zeit eingehalten?

Der Abend zuvor

Versuche, am Abend zuvor rechtzeitig mit allen Vorbereitungen fertig zu sein, so dass du genügend Schlaf bekommst. Ein ausgeschlafener Referent tritt wesentlich überzeugender und souveräner auf als ein übermüdeter.

TIPP:
Beschäftige dich nicht bis zum letzten Augenblick mit deinem Referat. Das bringt dich nur unnötig durcheinander.

Lampenfieber

Wenn du dich gut vorbereitet hast, gibt es eigentlich keinen Grund aufgeregt zu sein. Trotzdem ist es normal, ein gewisses Maß an Lampenfieber zu spüren. Oft hilft es, das Referat im Vorfeld vor Freunden oder auch nur vor dem Spiegel zu halten. Wenn dieser Probeauftritt gut läuft, legt sich die Nervosität von selbst. Auch Entspannungsübungen können helfen (→ Kap. 3.5). Sei am Tag selbst pünktlich an Ort und Stelle. Plane lieber einen Zeitpuffer ein, damit du nicht zusätzlich unter Druck gerätst.

Zeit am Morgen

Achte darauf, dass du am Morgen genügend Zeit hast, noch eine Kleinigkeit zu essen und du nicht in zusätzlichen Stress durch Zeitmangel gerätst. Nikotin und Koffein können Stresssymptome steigern, du solltest deshalb besser darauf verzichten. Beschäftige dich am besten gar nicht mehr mit dem Referat, das kann dich sonst durcheinander bringen. Mache lieber eine Entspannungsübung. Vielleicht hilft es dir auch, angenehme Musik zu hören.

Nobody is perfect

Setze dich selbst nicht zu sehr unter Druck. Es ist kein Problem, wenn dir zwischendurch einmal kleine Fehler unterlaufen. Auch Versprecher wird niemand übel nehmen. Es ist vollkommen in Ordnung, sich bei Unsicherheiten an den Karteikarten zu orientieren, solange man nicht durchgängig abliest. Stelle keine übertrieben hohe Ansprüche an dich.

Entspannungsübung

Großer Stress kann dazu führen, dass du dich verkrampfst, deine Körperhaltung unnatürlich und steif wirkt und deine Sprache undeutlich oder wesentlich schneller wird als von dir beabsichtigt. Es kann auch passieren, dass dir plötzlich bestimmte Informationen nicht mehr einfallen oder du gar nicht mehr weiter weißt. Diesem gefürchteten Blackout kannst du vorbeugen, indem du vor dem Referat Entspannungsübungen machst, die dir helfen, zur Ruhe zu kommen und dich zu konzentrieren. Tipps dazu kannst du dir gleich im nächsten Kapitel holen.

Checkliste: Wie ich mich vor dem Referat verhalten sollte

- Halte (rechtzeitig vorher) ein Übungsreferat vor Freunden.
- Verknüpfe das Referat mit positiven Gedanken.
- Gehe rechtzeitig ins Bett und mache eventuell Entspannungsübungen zum besseren Einschlafen.
- Wähle bequeme und angemessene Kleidung.
- Vergiss nicht, ein wenig zu frühstücken.
- Mache eine Entspannungsübung direkt vor dem Referat.

3.5 Wie kann ich mich vor dem Referat entspannen?

Atmung

In Stresssituationen verändert sich häufig die Atmung. Sie wird schneller und flacher, was zu einer abgehackten, leisen oder zittrigen Stimme führen kann. Außerdem kann das Gehirn nicht mehr ausreichend mit Sauerstoff versorgt werden, die Denkleistung nimmt ab. Stelle dich bequem hin und atme bewusst durch die Nase ein und aus – im Idealfall so, dass sich die Bauchdecke deutlich hebt und senkt. Verlängere die Phase des Ausatmens bei jedem Atemzug.

Du kannst auch auf vier Schläge einatmen, dann auf vier Schläge eine Atempause machen und auf vier Schläge ausatmen. Der Vorteil dieser Übung ist, dass du sie immer – auch beim Gehen – machen kannst. Sie hilft vor allem bei Angst und Einschlafstörungen.

Funktionale Entspannung

Höre in dich hinein und versuche zu erspüren, wo du gerade verspannt bist oder welches Körperteil schmerzt oder verkrampft ist. Mache an diesen Stellen kleine Bewegungen, die lockern und Verspannungen lösen.

Autogenes Training

Hier wird versucht, sich durch Selbstbeeinflussung zu entspannen. Zu Beginn wird eine bequeme Stellung eingenommen. Für Anfänger ist eine Position im Liegen am einfachsten. Normalerweise werden sieben Übungen aneinander gereiht, die Ruhe, Schwere und Wärme der Gliedmaßen, Beruhigung der Atmung, Beruhigung des Pulses, Wärme im Bereich des Solarplexus (direkt unter dem Brustkorb) und Kühle der Stirn hervorrufen sollen. Der Übende sagt sich im Geist bestimmte Vorstellungen immer wieder konzentriert vor. Typische Vorstellung bei der Schwereübung ist beispielsweise: „Meine Arme und Beine sind ganz schwer." Versuche dabei, dir die Vorstellung tatsächlich vor Augen zu führen.

Progressive Muskelrelaxation (nach Edmund Jacobson)

Der Körper wird entspannt, indem bestimmte Muskelgruppen nacheinander bewusst an- und entspannt werden. Du kannst die Übung im Sitzen oder im Liegen machen, am besten in einer dir angenehmen Atmosphäre und an einem Ort, an dem du nicht gestört wirst. Wähle verschiedene Muskelgruppen aus – beispielsweise Hand (wird in der Anspannungsphase zur Faust geballt), Oberarmmuskeln, Schultern (ziehe diese nach oben zu den Ohren), Stirn (wird gerunzelt), Lippen (werden zusammengepresst), Bauchmuskeln und Oberschenkelmuskeln. Spanne dann die erste Muskelgruppe (z. B. die Muskeln der rechten Hand) für etwa 5 Sekunden an und entspanne dann für etwa 10 Sekunden. Ball dann die linke Hand zur Faust und entspanne wieder. Gehe nach der Entspannungsphase zur nächsten Muskelgruppe. Hole am Ende tief Luft und strecke dich.

Referatssituation vorstellen

Manchen Referenten hilft es, sich schon vorher in die Situation hineinzuversetzen und sich den Ablauf genau Schritt für Schritt vorzustellen. Male dir dabei aber keine Horrorszenarien aus, sondern einen positiven Verlauf – sonst hat diese Übung den gegenteiligen Effekt.

3.6 Wie bereite ich mein Material vor?

Kümmere dich rechtzeitig um die Anfertigung deiner Materialien. Kopiere Handouts und Folien mindestens einen Tag vor deinem Auftritt und nimm dir genügend Zeit, alles zu kontrollieren. Tippfehler schleichen sich schneller ein, als man denkt.

Überlege dir im Vorfeld, welche technischen Geräte du benutzen wirst und reserviere diese gegebenenfalls. (→ Kap. 3.1).
Um frei sprechen zu können, solltest du dir nur Stichworte notieren. Ausformulierte Sätze verleiten dazu abzulesen und sind nicht übersichtlich genug. Bewährt haben sich Karteikarten, aber auch ein Merkzettel mit den wichtigsten Stichworten ist sinnvoll. Probiere aus, mit welcher Möglichkeit du am besten zurechtkommst.
Lege dir am besten alle Materialien so zurecht, dass du direkt vor deinem Referat sicher sein kannst, alles in der richtigen Reihenfolge und vor allem komplett vorliegen zu haben.

Checkliste: Karteikarten

- für jeden neuen Aspekt eine eigene Karte benutzen
- Stichworte so knapp wie möglich halten
- groß und leserlich schreiben
- unterschiedliche Farben verwenden (aber nicht zu viele!)
- Schlüsselbegriffe markieren
- Karten nummerieren
- nur eine Seite beschriften

Beispiel: Möglicher Aufbau einer Karteikarte

Überschrift 1 — *01*

Unterüberschrift 1

Stichwort a
(Beispiel oder Fakten / Zahlen)

Stichwort b — *[Folie 1 auflegen]*
(Beispiel oder Fakten / Zahlen)

Stichwort c
(Beispiel oder Fakten / Zahlen)

Beispiel: Möglicher Aufbau eines Merkzettels

Überschrift

Begrüßung

Einführung
- Stichwort
- Stichwort
- Stichwort

Unterüberschrift 1
- Stichwort a
  (Beispiel oder Fakten/Zahlen)
- Stichwort b [Folie 1 auflegen]
  (Beispiel oder Fakten/Zahlen)
- Stichwort c
  (Beispiel oder Fakten/Zahlen)

Unterüberschrift 2 [Folie 2 auflegen]
- Stichwort a
  (Beispiel oder Fakten/Zahlen)
- Stichwort b
  (Beispiel oder Fakten/Zahlen)

Zusammenfassung
- Stichwort
- Stichwort
- Stichwort

Schlussfolgerung

Abschluss

Checkliste: Merkzettel

- übersichtliche Gliederung mit Überschriften zur schnellen Orientierung
- chronologische Abfolge einhalten
- möglichst wenig Text schreiben
- groß und leserlich schreiben
- unterschiedliche Farben verwenden (aber nicht zu viele!)
- Schlüsselbegriffe markieren

Folien

Folien sollten keinesfalls überladen sein, sondern dank Überschriften und einer übersichtlichen Gliederung eine schnelle Orientierung bieten. Gib deinen Zuhörern Zeit, sich auf einer Folie zurecht zu finden und wechsle nicht zu schnell. Mit unterschiedlichen Farben kannst du Gegensätze deutlich machen oder auf Wichtiges hinweisen. Auch Diagramme und Schaubilder lassen sich meist gut auf Folien darstellen, wenn sie nicht zu klein geraten (→ Kap. 3.2). Die Lesbarkeit solltest du auf jeden Fall vorher prüfen und gegebenenfalls zusätzlich durch Nachfragen sicherstellen.

Bei deinem Vortrag solltest du darauf achten, dich nicht mit dem Rücken zum Publikum zu stellen, wenn du die Folie erläuterst. Diese Gefahr besteht nämlich, wenn man selbst auf die Projektion an der Wand blickt. Für dein Publikum kann das Zuhören dann schnell anstrengend werden. Besser du erklärst direkt am Projektor und schaust auf die Folie. Mit Hilfe eines spitzen Bleistifts kannst du dann auch auf bestimmte Dinge zeigen oder spontan mit einem Folienstift Ergänzungen vornehmen (→ Kap. 3.1).

Handouts

Gestalte das Handout so, dass es deinen Zuhörern eine schnelle Orientierung bietet und sie die wichtigsten Punkte deines Referats vor Augen haben. Die zwei Hauptfehler, die bei Handouts passieren, sind zum einen, dass zu viel Text auf das Handout gepackt wird. Der Sinn eines Handouts ist nicht, den Zuhörern alle Informationen an die Hand zu geben, sondern lediglich einen Leitfaden zu bieten. Der andere häufige Fehler ist, so wenig auf das Handout zu schreiben, dass der Zuhörer hinterher nicht mehr nachvollziehen kann, worum es in deinem Referat eigentlich ging. Maßgebliche Definitionen, Daten, Fakten und Begriffe gehören also auf jeden Fall auf ein Handout. Auch die wichtigsten Ergebnisse und Schlussfolgerungen kannst du aufnehmen. Falls du eine anschließende Diskussion planst, ist es sinnvoll, die entsprechende Fragestellung auf dem Handout zu formulieren.

Um den Zuhörern die Orientierung zu erleichtern, sollte die Reihenfolge der Themen auf dem Handout auf jeden Fall der deines Vortrags entsprechen. Du solltest deshalb das Handout erst nach der Ausarbeitung deines Vortrags erstellen. Sicher sind deine Zuhörer auch

dankbar, wenn du ihnen auf dem Handout genug Platz lässt, um selbst Notizen zu ergänzen. Vergiss nicht dein Referatsthema anzugeben sowie deinen Namen, Datum und Kurs- bzw. Klassenbezeichnung. Insgesamt sollte dein Handout auf keinen Fall länger als zwei Seiten sein. Am Ende solltest du Quellenangaben auflisten (→ Kap. 2.5). Vielleicht möchte der ein oder andere deiner Zuhörer noch mehr zu deinem Thema erfahren.
Du kannst das Handout auch hinterher als Gedächtnisstütze austeilen, um zu verhindern, dass deine Zuhörer abgelenkt sind und sich stattdessen ganz auf deinen Vortrag konzentrieren. Beachte aber, dass du während deines Vortrags dann in besonderem Maße darauf achten musst, deinen Zuhörern Orientierung zu bieten und du immer wieder deutlich machen solltest, an welchem Punkt du dich gerade befindest.

Plakate
Wichtig bei Plakaten ist, dass du groß genug schreibst und Sachverhalte übersichtlich darstellst. Farbige Plakate sind zwar meist ansprechender, beachte aber, dass man auf dunklen Farben (wie beispielsweise ein dunkleres Blau) eine schwarze Schrift aus der Ferne nicht mehr lesen kann. Bringe Klebeband oder Reiszwecken mit, sodass das Plakat entsprechend präsentiert werden kann. Plakate sind besonders dann sinnvoll, wenn du Bilder in ein Schaubild integrieren und präsentieren möchtest.

Checkliste: Folien, Handouts und Plakate

- so wenig wie möglich, so viel wie nötig schreiben
- Gliederung übersichtlich gestalten
- grafische Elemente zur Veranschaulichung nutzen
- nicht zu viel auf eine Seite packen
- Schriftgröße nicht zu klein wählen (Handouts ca. 12 Punkt, Folien ab 16 Punkt)
- leserliche und einheitliche Schriftart benutzen
- Quellen angeben

Beispiel: Folie

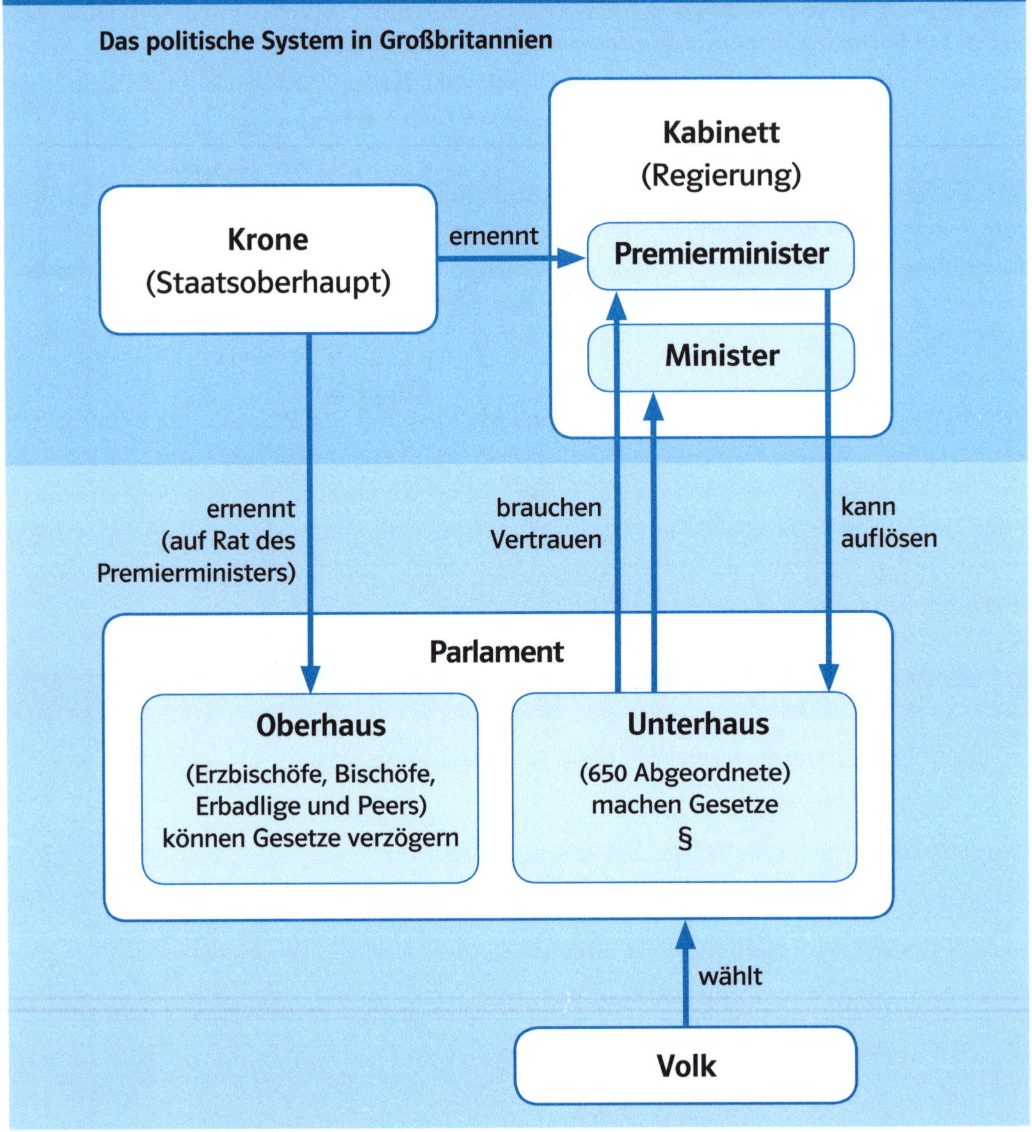

Beispiel: Plakat

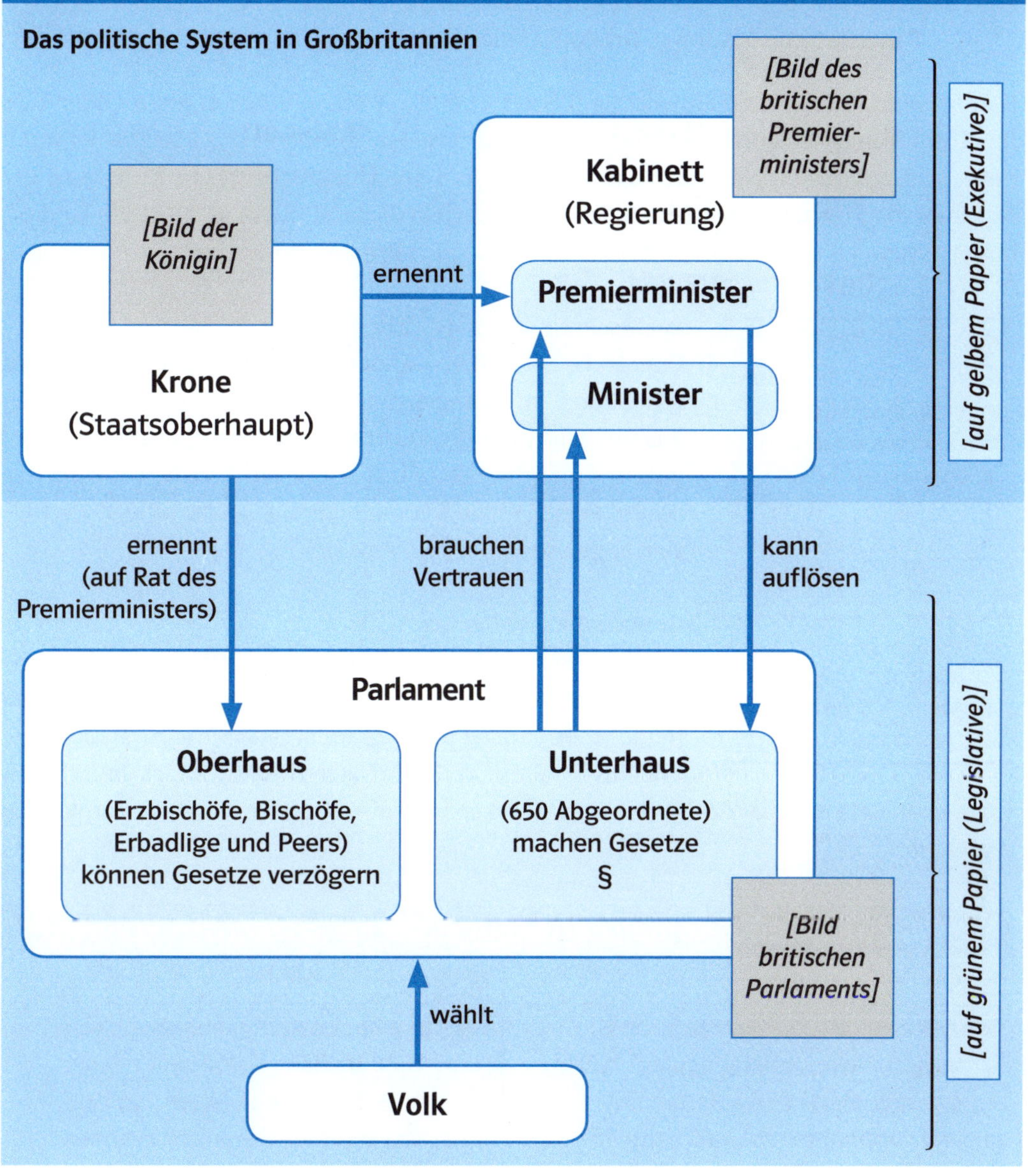

3.7 Wie gebe ich meinem Referat den letzten Schliff?

Häufig wird bei Referaten ein wichtiger Schritt bei der Vorbereitung vergessen: Wenn der Inhalt auf Richtigkeit und Vollständigkeit überprüft ist, Folien erstellt und Materialien vorbereitet sind, solltest du alles noch einmal genau im Hinblick auf sprachliche Richtigkeit und Ausdruck durchgehen. Schließlich möchtest du auch in dieser Hinsicht einen guten Eindruck hinterlassen.

TIPP:
Fehler findest du leichter, wenn du eine ausgedruckte Version deines Textes vorliegen hast.

Rechtschreibung und Zeichensetzung

Überprüfe auf Folien, Handouts etc. unbedingt deine Rechtschreibung und Zeichensetzung. Verlasse dich dabei nicht ausschließlich auf die Rechtschreibüberprüfung deines Computers – manche Fehler erkennt er nicht. Vielleicht kann eine zweite Person einen Blick auf deine Ausarbeitungen werfen – vier Augen sehen mehr als zwei.

TIPP:
Verzichte auf eingeschobene Nebensätze und Attribute.

Grammatik und Syntax

Auch die Grammatik solltest du auf Richtigkeit durchgehen – und zwar nicht nur in deinen schriftlichen Texten. Auch dein mündlicher Vortrag sollte grammatikalisch einwandfrei sein. Wichtig ist, dass die Syntax klar strukturiert ist und die Aussage eines Satzes für die Zuhörer leicht zu erkennen ist. Komplizierte Satzkonstruktionen sind unnötig.

Formulierungshilfe: Komplizierte und einfache Satzkonstruktionen

kompliziert	einfach
Ich hatte am letzten Dienstag vor, wie ich es schon wochenlang geplant hatte, eine ausgedehnte Einkaufstour mit meiner Großmutter zu unternehmen, die ich schon seit Monaten nicht gesehen hatte.	Ich hatte am letzten Dienstag vor, eine ausgedehnte Einkaufstour mit meiner Großmutter zu unternehmen. Ich hatte sie schon seit Monaten nicht gesehen. Diese Einkaufstour war schon wochenlang geplant.
Als Sonja eilig über die stark befahrene Straße gehastet war, nachdem ihr eingefallen war, dass sie den Schlüssel in der Haustür stecken gelassen hatte, wäre sie beinahe über einen kleinen Jungen gestolpert, der gerade ein Eis schlotzte.	Sonja fiel ein, dass sie den Schlüssel in der Haustür stecken gelassen hatte. Sie hastete eilig über die stark befahrene Straße. Beinahe wäre sie über einen kleinen Jungen gestolpert, der gerade ein Eis schlotze.

Ausdruck und Stil

Vermeide Umgangssprache und flapsige Bemerkungen, die dem Thema nicht angemessen sind. Überlege dir, wie du Sachverhalte einfach und klar, aber dennoch stilistisch einwandfrei ausdrücken kannst. Der Nominalstil macht Texte unnötig schwerfällig und unverständlich, stattdessen solltest du lieber ausdrucksstarke Verben verwenden.

Formulierungshilfe: Nominalstil und mögliche Alternativen	
Umständlicher Nominalstil	**Einfachere Alternative**
Ich möchte nicht in Abrede stellen, dass diese Gesetzmäßigkeiten noch heute Gültigkeit besitzen.	Ich möchte nicht bestreiten, dass diese Gesetzmäßigkeiten noch heute gelten.
Ich möchte unter Beweis stellen, dass diese Praktiken in zahlreichen Ländern Anwendung finden.	Ich möchte beweisen, dass diese Praktiken in zahlreichen Ländern angewendet werden.

Formulierungshilfe: Umgangssprache und mögliche Alternativen	
Umgangssprache	**Alternative in schönerem Deutsch**
Wir liegen zeitmäßig im Plan. Diese lilane Säule zeigt uns … Ich weiß selbst, dass das nicht die optimalste Lösung ist.	Wir liegen zeitlich im Plan. Diese lilafarbene Säule zeigt uns … Ich weiß selbst, dass das nicht die optimale Lösung ist.

Fremdwörter

Achte darauf, nicht übermäßig viele Fremdwörter zu verwenden. Die Zuhörer sollten deinem Vortrag leicht folgen können. Du solltest außerdem alle Fremdwörter erklären können, falls Nachfragen kommen. Auch zu viele Anglizismen gehören nicht zu einem guten Stil.

Formulierungshilfe: Anglizismen und mögliche Alternativen	
Anglizismen	**Alternative in schönerem Deutsch**
Ich werde euch kurz briefen und am Ende checken, ob ihr das auch verstanden habt.	Ich werde euch kurz informieren und am Ende prüfen, ob ihr das auch verstanden habt.
Dieses Statement hört sich zwar ziemlich schwierig an, ist aber eigentlich ganz easy.	Diese Aussage hört sich zwar ziemlich schwierig an, ist aber eigentlich ganz einfach.

Floskeln
Manche Wörter tragen eigentlich nichts zum Inhalt eines Satzes bei, sondern blähen den Text nur unnötig auf. Es handelt sich häufig um formelhafte Wendungen und Redewendungen, „die man so sagt“. Lass diese einfach weg.

Formulierungshilfe: Floskeln

Floskeln	Alternative in schönerem Deutsch
Auch und gerade dieser Aspekt ...	Gerade dieser Aspekt ...
Ihr wollt doch nicht **ernsthaft bestreiten**, dass bereits **im Vorfeld** Fehler passiert sind. Das ist die **nackte Wahrheit**!	Ihr wollt doch nicht bestreiten, dass bereits vor Beginn Fehler passiert sind. Das ist die Wahrheit!

Redundanzen
Ständige Wiederholungen machen dein Referat langweilig und trocken. Dies kann sowohl einzelne Wörter betreffen als auch bestimmte Inhalte, die du immer wieder auf ähnliche Weise vorträgst. Achte darauf, einen vielfältigen Wortschatz zu verwenden und inhaltliche Wiederholungen nur dann einzusetzen, wenn sie notwendig, wichtig und sinnvoll sind. Natürlich kann es durchaus sinnvoll sein, am Ende des Referats wesentliche Punkte zu wiederholen oder zentrale Aspekte nicht nur einmal kurz zu erwähnen, sondern mehrfach zu betonen. Dies sollte aber in einem angemessenen Umfang geschehen – schließlich willst du nicht, dass der Eindruck entsteht, du hättest sonst nur wenig zu sagen und willst die Zeit deshalb mit Wiederholungen füllen.

Checkliste: Ausdruck und Stil

- klare Aussagen zum Thema treffen
- einfache und übersichtliche Syntax wählen
- keine eingeschobenen Nebensätze und Attribute verwenden
- auf eine angemessene Wortwahl achten
- aussagekräftige, wenn möglich nicht mehrteilige Verben wählen
- kurze, anschauliche Wörter verwenden
- Konstruktionen im Aktiv bevorzugen
- Fremdwörter erklären

Los: Referate durchführen

4. Auf los geht's los – Die Einleitung

4.1 Wie stelle ich mich vor und begrüße meine Zuhörer?

Hi, schon klar, wir wären alle am liebsten woanders, aber Herr Roman Tiker will eben, dass ich euch über diesen langweiligen Eichentorf-Typen was erzähle …

> *TIPP:*
> *Die Aufregung zu Beginn eines Referates bekommt man besser in den Griff, wenn man den Einstieg besonders gründlich vorbereitet und eventuell sogar auswendig lernt.*

Der erste Eindruck entscheidet – nicht alles, aber einiges: Er legt den Grundstein für eine gute und überzeugende Präsentation. Deshalb ist es noch vor Beginn des eigentlichen Referates wichtig, einen positiven Kontakt zum Publikum aufzubauen. Begrüße deine Zuhörer freundlich und teile ihnen durchaus auch mit, dass du dich über ihr Erscheinen freust. Ein Publikum ist gerne bereit, sich auf das Kommende einzulassen, wenn es sich persönlich angesprochen fühlt und merkt, dass es dir Freude macht, dein Thema zu präsentieren.

Solltest du vor fremdem Publikum sprechen, ist es wichtig, dich und eventuelle Mitreferenten kurz vorzustellen: Nenne deinen Namen, eventuell deine Funktion und umreiße kurz, inwieweit du Experte für das von dir präsentierte Thema bist.

Auch deine Stimme ist ein wichtiges Instrument, das du nicht vernachlässigen solltest.

Lautstärke
In der Aufregung kann es passieren, dass du zu laut sprichst, was nicht nur für deine Zuhörer unangenehm ist, sondern auch deine Stimme unnötig anstrengt. Schlimmer ist es aber, wenn du zu leise sprichst und deine Zuhörer sich Mühe geben müssen, um dich zu verstehen. Frage einfach zu Beginn nach, ob die Lautstärke in Ordnung ist.

Sprechtempo
Ist dein Sprechtempo zu langsam, langweilst du deine Zuhörer, ist es zu schnell, ist dein Referat im schlimmsten Fall unverständlich. Gerade gegen Ende tendieren viele Sprecher dazu, Geschwindigkeit aufzunehmen, um den Vortrag endlich hinter sich zu bringen. Das wirkt gehetzt und unsicher. Achte darauf, während des Vortrags ein möglichst gleichmäßiges Sprechtempo beizubehalten.

Artikulation

Sprich deutlich und verschlucke Endsilben nicht. Eine allzu übertrieben deutliche Aussprache wirkt zwar unter Umständen aufgesetzt, ist aber immer noch besser als ein unverständliches Genuschel (→ Übung 13, S. 80).

Sprachmelodie

Häufig werden Referate sehr monoton und leblos vorgetragen – damit wird jeder noch so spannende Inhalt langweilig und öde. Arbeite mit deiner Stimme und hebe Besonderheiten, wesentliche Details oder interessante Aspekte auch stimmlich hervor, indem du sie betonst. Auch die Höhe deiner Stimme kann dabei variieren.

Sprechpausen

Mache Pausen, wenn Grammatik oder Inhalt sie erfordern. Pausen müssen gesetzt werden, sollten aber immer motiviert sein.

Fülllaute

„Ähs" oder „öhs" sind unnötige Fülllaute, die von Zuhörern häufig als ungenügende Vorbereitung oder Unsicherheit interpretiert werden. Außerdem lenken sie vom eigentlichen Inhalt ab und können auf Dauer nerven. Versuche deshalb darauf zu verzichten.

Checkliste: Freies Sprechen

- Beginne mit Schwung – das sichert dir Aufmerksamkeit.
- Schreibe nur Stichworte, dann kommst du nicht in die Gefahr nur abzulesen.
- Verwende kurze, verständliche Sätze.
- Mache ausreichend Pausen und sprich langsam, sodass alle dir folgen können.
- Erkläre schwierige Sachverhalte zweimal mit unterschiedlichen Worten.
- Versuche deine Stimme zu variieren (Geschwindigkeit, Lautstärke und Tonhöhe).
- Suche Blickkontakt und überprüfe so auch, ob deine Zuhörer dir folgen können.
- Beende deinen Vortrag nicht mit einem „Das war's jetzt.", sondern fasse Wesentliches zusammen.

4.2 Wie trete ich richtig auf?

Ich erzähl euch was zu Reichendorff, lasst euch bitte nicht durch den ekelhaften Fleck auf meinem weißen Hemd ablenken, meine anderen Hemden sind gerade alle in der Wäsche.

Oft vergessen wir, dass zu einer guten Präsentation nicht nur Inhalt und Materialien gehören, sondern auch ein entsprechendes Auftreten. Wenn ich verkrampft und unsicher vor meinem Publikum stehe, wird es mir kaum gelingen, meine Zuhörer für mein Thema zu interessieren oder sie von einer Ansicht zu überzeugen. Wie ich auf andere wirke, hat viel mit meiner Körperhaltung zu tun. Oft genügt es, sich bestimmte „Fehlhaltungen" bewusst zu machen und schon wirkt das Auftreten insgesamt offener und sicherer. Gerade in einer Stresssituation ist es aber häufig nicht einfach, die Körperhaltung, die meist unbewusst eingenommen wird, zu kontrollieren. Folgende Punkte können helfen, dir bestimmte Aspekte zum Auftreten bewusst zu machen.

Kleidung
Achte darauf, dass du dich angemessen kleidest und dich wohlfühlst. Es gibt kaum etwas Schlimmeres, als sich während des Vortrags darauf konzentrieren zu müssen, den Kaffeefleck auf seinem Hemd zu verbergen oder sich zu fragen, ob das Oberteil nicht vielleicht doch zu eng gewählt ist. Auch deine Zuhörer können durch unangemessene Kleidung abgelenkt werden.

Körperhaltung
Vermeide es auch, hin- und herzuwippen oder durch den Raum zu „tigern". Verschränke deine Arme nicht ständig vor dem Körper – das wirkt verschlossen. Deine Hände solltest du nicht in den Hosentaschen verstecken, außerdem kann es Zuschauer ablenken, wenn du ständig mit irgendetwas herumspielst. Lasse deine Arme möglichst locker herunterhängen – dann hast du die Möglichkeit, Wichtiges mit spontanen Armbewegungen zu unterstützen.

Gestik
Deine Gesten sollten offen sein und deinen Vortrag unterstützen. Klammere dich nicht an Tische oder Gegenstände – das wirkt – genauso wie das Falten der Hände – unsicher. Lasse deine Hände „mitreden". Oft hat man einen natürlichen Impuls, das Gesagte durch eine Geste zu unterstreichen – durch die Anspannung (oder weil man sich gerade am Tisch festhält) folgen wir diesem natürlichen Reflex manchmal nicht. Lass deinen Händen also möglichst freien Lauf, dann musst du dir auch keine spezielle Gestik antrainieren, die oft übertrieben oder künstlich wirkt. Wildes Gestikulieren ist sowieso nicht erwünscht.

Verhalten im Raum

Stelle dich zu Beginn vor deine Zuhörer und versuche dabei, so zu stehen, dass du Plakate oder Folien nicht verdeckst. Wenn du dich sicher fühlst, kannst du dich natürlich auch im Raum bewegen und andere Positionen einnehmen. So kannst du flexibel auf dein Publikum reagieren.

Mimik

Blicke deine Zuhörer möglichst offen und freundlich an. Halte Blickkontakt und lächle (zumindest hin und wieder). Das schafft eine gute Atmosphäre. Vielleicht hilft es dir, dein Gesicht vor Beginn des Vortrags ein wenig zu lockern. Du kannst es beispielsweise selbst sanft massieren.

Sprache

Auch die Sprache ist natürlich für das Gelingen eines Referates entscheidend. Entsprechende Hinweise dazu findest du in Kapitel 4.1. Frei, unverkrampft und sicher zu sprechen, ist entscheidend für das Gelingen des Referats.

Richtiges Auftreten

Wichtig ist nicht nur, was du sagst, sondern auch wie du es sagst.
Hier ein paar einfache aber sehr wirkungsvolle Tipps für dich:

Natürlich auftreten

Ziehe das an, worin du dich wohl fühlst. Dabei sollte die Kleidung gepflegt und dem Anlass angemessen sein.

Nervosität verbergen

Stehe aufrecht und unverkrampft, gehe nicht zu viel umher, wippe nicht.

Wichtiges betonen

Unterstreiche deine Ausführungen dezent mit Gestik und Mimik.

Kontakt zum Publikum

Vergiss nicht, dass du Zuhörer hast und halte Blickkontakt.

Positive Atmosphäre

Ein aufmunterndes Lächeln hilft dir, eine positive Atmosphäre im Raum zu schaffen.

Üben im Voraus

Finde das richtige Maß an Bewegung, Gestik und Mimik für dich heraus, indem du einen Teil des Referates einmal einem Freund präsentierst (→ Kap. 3.4).

4.3 Wie kläre ich technische und organisatorische Fragen?

Ich hab 'ne ziemlich schlimme Erkältung, deshalb werdet ihr mich nicht hören und ich hab keine Ahnung, wie hier das Licht angeht, deshalb werdet ihr mich nicht sehen; aber ich bin hier und habe eine dreistündige Rede über Eichenschorfs Lyrik geplant ...

Bevor es mit der Präsentation richtig losgeht, ist es ratsam, noch einige technische und organisatorische Dinge zu klären und vorzubereiten.

Licht und Lesbarkeit
Achte darauf, dass das Licht im Vortragsraum hell genug ist, so dass du als Vortragender deine Aufzeichnungen gut lesen kannst; andererseits sollte es nicht so hell sein, dass die Zuschauer die Schrift auf OHP, Bildschirm oder Tafel nicht mehr lesen können. Teste dies am besten im Vorfeld und frage dein Publikum, ob alles gut sichtbar ist.

Lautstärke
Erkundige dich, ob deine Stimme oder die CD-Einspielung für alle Zuhörer laut genug und verständlich ist. Das vermeidet Unmut und Missverständnisse auf beiden Seiten.

Technische Probleme
Solltest du Probleme mit dem CD-Player, dem Tageslichtprojektor oder einem anderen Gerät haben, erkläre kurz die Lage und bitte um ein wenig Geduld.

Fragen
Wenn Fragen aus dem Publikum kommen, gibt es zwei Möglichkeiten der Handhabung: Entweder du lässt die Fragen immer dann stellen, wenn sie auftreten oder du verweist auf die Möglichkeit einer offenen Fragerunde am Ende deines Referates.

Zeitplanung
Sage, wie lange dein Referat ungefähr dauern wird. So können sich die Zuhörer darauf einstellen und unnötige Unruhe wird vermieden.

TIPP:
Wenn du dich beim Reden stark auf dein Konzept konzentrieren musst, lass die auftauchenden Fragen erst am Ende deines Vortrages stellen, so dass du den roten Faden nicht verlierst.

Handout
Du kannst das Handout vor dem Referat als Orientierungshilfe austeilen. Die Zuhörer haben dann die Möglichkeit, eigene Notizen zu ergänzen. Wenn du dein Handout nach dem Referat als Zusammenfassung austeilst, solltest du deine Zuhörer zu Beginn darauf hinweisen, dass sie nicht mitschreiben müssen, weil ein Handout mit den wesentlichen Informationen noch folgt (→ Kap. 3.6).

4.4 Wie steige ich in mein Thema ein?

Ein zentrales Thema im „Taugenichts“ ist die Problematik der Langeweile. Ich hoffe, ihr interessiert euch alle für die Langeweile, falls nicht – macht nichts. Mich hat's auch nicht interessiert, deshalb erzähl ich euch jetzt einfach ein paar Dinge über Leichendorff bis die Stunde rum ist.

Nenne das Thema und erläutere es gegebenenfalls kurz, bevor du mit dem Hauptteil loslegst. Sprich die Zuhörer direkt an. Der Einstieg soll das Interesse der Zuhörer wecken und möglichst spannend sein. Dies kann man auf unterschiedliche Art und Weise erreichen:

Begründung
Begründe kurz, warum du dich für dieses Thema entschieden hast, oder erläutere, warum das Thema für die Zuhörer wichtig ist.

Beispiel
Ein anschauliches oder witziges Beispiel bietet dem Zuhörer einen Anknüpfungspunkt und erleichtert den Einstieg ins Thema. Die Verbindung zum Thema darf dabei nicht aus dem Blickfeld geraten. Beispiele sollten deshalb klar verständlich sein und direkt zum Thema führen.

Ziel und Schwerpunkte
Gib an, worauf du im Laufe deines Referates hinauswillst und welches Ziel du dir vorgenommen hast. Provokante Thesen können die Aufmerksamkeit des Publikums fesseln. Bei sehr weit gefassten Themen empfiehlt es sich, Inhalte einzugrenzen und zu klären, welche Schwerpunkte du legst.

TIPP:
Hilf den Zuhörern sich zu orientieren, indem du während deines Referates immer wieder Bezug auf deine Gliederung nimmst.

Aufbau
Erkläre in ein paar Stichworten, wie dein Referat aufgebaut ist. Dies schafft einen Überblick und informiert die Zuhörer darüber, was sie während des Vortrages erwartet. Zur besseren Orientierung kannst du den Aufbau auch auf einer Folie oder auf einem Handout darstellen.

Formulierungshilfe: Mögliche Einstiege

Ich möchte euch in dieser Präsentation mit einem Thema vertraut machen, das …
… klingt vielleicht zunächst etwas langweilig/altmodisch. Ich hoffe aber, euch im Verlauf der Präsentation vom Gegenteil überzeugen zu können.
Ich interessiere mich schon lange für …
Mich hat an diesem Thema besonders fasziniert/gereizt/bewegt/interessiert, dass …
Was hat dieses Thema eigentlich mit uns zu tun?
Ich würde gerne einen bisher noch wenig bekannten Aspekt in den Vordergrund stellen.

5. Jetzt geht's um die Wurst – Der Hauptteil

5.1 Wie präsentiere ich Inhalte und stelle meine Argumente vor?

Wie bereits gesagt, werde ich heute über Laichendorffs Lyrik sprechen. Und damit's ein bisschen spannender wird, werde ich das nicht nach der Reihe tun, sondern die Gedichte alle ineinander mischen … und ihr dürft am Ende raten, welche Gedichte dabei waren.

TIPP:
Sprich in kurzen, einfachen Sätzen.
Zu komplizierten Satzkonstruktionen kann man als Zuhörer nur schwer folgen.

Nach der Begrüßung und der ersten Darstellung deines Themas geht es nun darum, die Hauptinhalte, zentrale Fragen oder Thesen deines Referates detailliert zu erläutern. Dabei ist es wichtig, die Kerngedanken deutlich zu machen und eine übersichtliche Struktur zu schaffen.

Kerngedanken
Überlege dir im Vorfeld gut, welche Kerngedanken deine Zuhörer aus deinem Referat mitnehmen sollen. Konzentriere dich dabei auf das Wesentliche, da zu viele Informationen verwirren und die Gefahr besteht, dass die Zuhörer abschalten.
Diese Auswahl ist eine der schwierigsten aber auch wichtigsten Aufgaben bei der Erstellung eines Referates: Durch die Wahl der Inhalte wird die Zielrichtung und der Schwerpunkt des Vortrages festgelegt (→ Kap. 2.5 und 2.7).

These aufstellen
Bei manchen Themenstellungen bietet es sich an, oder wird sogar erwartet, dass eine These formuliert wird. Eine These ist eine Behauptung, deren Richtigkeit noch zu klären ist. Es ist eine Aussage, über die es sich lohnt, länger nachzudenken und die durch verschiedene Argumente unterstützt oder entkräftet werden kann. Manchmal provoziert sie auch und steigert so das Interesse der Zuhörer. Findet sich bei der Vorbereitung eine solche These, kann der Aufbau des Hauptteiles durch die Abfolge von Pro- und Kontraargumenten gestaltet werden (→ Kap. 7.2, 7.3 und 8.2).

Reihenfolge

Lege eine Reihenfolge deiner ausgewählten Inhalte fest, die eine sinnvolle Struktur entstehen lässt (→ Kap. 2.7 und 3.6). Bei historischen Themen ist es möglich, die Aspekte chronologisch zu ordnen. In anderen Fällen bietet es sich unter Umständen an, nach Themengebieten vorzugehen. Bei der Darstellung einer wissenschaftlichen Arbeit kann häufig die Struktur des Textes beibehalten werden. Wurde zu Beginn des Referates eine These aufgestellt, folgen nun die Pro- und Kontraargumente. Das Hauptargument ist am Ende eventuell besonders wirkungsvoll (→ Kap. 8.2).

TIPP:
Schreibe die einzelnen inhaltlichen Aspekte auf Kärtchen und schiebe diese so lange hin und her, bis du die optimale Abfolge gefunden hast.

Checkliste: Aufbau einzelner Argumente

- Sind meine Argumente klar formuliert?
- Erkläre ich meine Argumente ausreichend?
- Sind die Begründungen nachvollziehbar und schlüssig?
- Habe ich genügend Fakten, um meine Argumente zu stützen?
- Habe ich genügend Beispiele, um meine Argumente zu veranschaulichen?

→ Kap. 7.2 und 7.3

Formulierungshilfe: Präsentieren von Inhalten und Thesen

Wir gehen von folgender Grundlage aus:

Lasst uns als Arbeitshypothese erst einmal annehmen, dass …

Ich möchte in meinen Ausführungen diese These mit neuen Argumenten stützen.

Der bisherige Stand der Forschung lässt vermuten …

Zunächst einmal möchte ich zeigen, dass …

Darüber hinaus sollte erwähnt werden, dass …

Auch folgender Aspekt sollte nicht vergessen werden:

5.2 Wie verknüpfe ich Inhalte und mache Zusammenhänge deutlich?

Sehr gute Frage: Was ist das verbindende Element? … hmmm … naja, das hab ich selbst nicht ganz kapiert … für mich war's auch ein bisschen verwirrend, aber ich hatte gehofft, dass ihr damit was anfangen könnt.

Von Beginn deines Referates an sollte klar sein, wie die verschiedenen Aspekte miteinander zusammenhängen und wo die Verbindungen sind.

Gliederung transparent machen
Baue kleine Orientierungshilfen in dein Referat ein. Verweise immer wieder auf die Gliederung, lege bei Bedarf zwischendurch erneut die Gliederung auf Folie auf und mache so den roten Faden deutlich. Wenn du für die einzelnen Punkte einprägsame Überschriften findest, ist es sehr leicht, allein durch den Verweis auf eine dieser Überschriften deutlich zu machen, wo du dich befindest.

Übergänge gestalten
Zwischen den Informationsblöcken sollten kurze Zusammenfassungen des bereits Gesagten geliefert werden. Diese Zwischenfazits geben dem Zuhörer eine gewisse Sicherheit, die Inhalte wirklich verstanden zu haben und deuten an, dass man sich nun einem neuen Punkt zuwenden kann. Dieser neue Aspekt sollte ebenfalls durch eine kurze Ankündigung eingeleitet werden; das schafft weitere Orientierung.

Formulierungshilfe: Überleitungen
Damit möchte ich überleiten zu …
Diese Themen sind wichtig für den nächsten Punkt.
Dies führt mich zu meinem nächsten Punkt.
Bevor ich auf … eingehe, möchte ich kurz festhalten …
Ganz anders verhält es sich mit …

Auf einen vorhergehenden Punkt verweisen
Sollten zwischen den einzelnen Aspekten Parallelen zu finden sein und sich Sachverhalte in ihrer Struktur ähneln, ist das eine wichtige Information für deine Zuhörer. Verweise deshalb auf diese Verbindungen und beziehe dich auf bereits genannte Punkte.

Formulierungshilfe: Zusammenhänge deutlich machen
Dies erinnert an den vorherigen Punkt, der sich mit … beschäftigte.
Wie ich bereist erwähnte, …
Um nochmals auf … zurückzukommen:
Und jetzt werden die anfangs erwähnten Punkte wieder wichtig.
Hier kann eine Parallele zu … festgestellt werden.
Ich kann euch versichern, dass dies kein Widerspruch zu … ist.

5.3 Wie baue ich Beispiele, Zahlen und Fakten ein?

Weichendorff ... hmmm ... Ich glaube der wurde geboren am ... – naja, so ungefähr um ... vielleicht im 18. Jh.? Na, jedenfalls ist es schon ziemlich lang her.

Deine Thesen, Argumente und Ausführungen können erst dann wirklich überzeugen, wenn sie durch Beispiele, Zahlen und Fakten veranschaulicht und untermauert werden. Achte darauf, diese Information an den entsprechenden Stellen sinnvoll und im Zusammenhang in dein Referat einzubauen. Mache auch deutlich, was ein Schaubild zeigen und belegen soll. Behalte deinen Schwerpunkt im Auge und verliere dich nicht in Zusatzinformationen, die keinen wesentlichen Beitrag zum Hauptthema liefern.

Je nach Thema müssen unterschiedliche Informationen präsentiert werden:

> *TIPP:*
> *Bilder der vorgestellten Personen und kurze Anekdoten aus ihrem Leben machen den Vortrag anschaulich.*

Biografische Daten werden in chronologischer Reihenfolge präsentiert. Konzentriere dich auf wesentliche Eckdaten und beleuchte auch das geschichtliche Umfeld. Eventuell bietet sich ein Vergleich mit einer anderen historischen Person an.

Historische Ereignisse sollten in Bezug zum geschichtlichen Gesamtgeschehen gesetzt werden. Vergleiche beispielsweise die Entwicklung des von dir dargestellten Phänomens mit anderen Ländern und weise auf Zusammenhänge hin. Auch ein Vergleich mit der heutigen Zeit kann für viele Zuhörer das Verständnis erleichtern.

Zahlen und Fakten lassen sich ebenfalls gut vergleichen, um ihre Bedeutung zu verdeutlichen. Es hilft den Zuhörern, wenn du Zahlen in Relation setzt und Vergleichsgrößen bietest.

> *TIPP:*
> *Gib den Zuhörern genug Zeit, ein Schaubild zu betrachten und zu verstehen. Für sie ist das Schaubild neu!*

Statistiken lassen sich in Diagrammen anschaulich darstellen. Besonders komplexe Zusammenhänge solltest du auf jeden Fall visualisieren und erklären. Allerdings darfst du auch hier die Zuhörer nicht überfordern: Schaubilder sollten so einfach und übersichtlich wie möglich sein (→ Kap. 3.2).

Statistik

Beim Umgang mit Statistiken ist besondere Sorgfalt geboten: Manchmal werden Statistiken mit dem Hintergedanken erstellt, eine bestimmte These zu belegen oder in Frage zu stellen. Dies wird erreicht, indem bestimmte Aspekte überbewertet werden und andere unberücksichtigt bleiben. So können Ergebnisse verändert oder geschönt werden. Du solltest deshalb besonders bei Statistiken sicher gehen, dass du seriöse Quellen verwendest, die keine bestimmte Absicht verfolgen oder verfälschte Ergebnisse darstellen (→ Kap. 2.1). Statistiken sollten den folgenden Kriterien standhalten:

Objektivität
Die eigene Meinung sollte bei der Erstellung der Statistik keine Rolle spielen.

Zuverlässigkeit
Ergebnisse sollten formal genau und verlässlich sein und nicht dem Zufall unterliegen.

Validität
Das Ergebnis soll gültig und relevant in Bezug auf das sein, was es zeigen soll.

Checkliste: Umgang mit Beispielen, Zahlen und Fakten

- Habe ich für alle meine Ausführungen auch Belege?
- Reichen die Belege aus, um meine These zu stützen?
- Kenne ich die Quelle und habe ich sie angegeben (z.B. auf dem Handout)?
- Handelt es sich um eine verlässliche Quelle?
- Ist alles verständlich und klar dargestellt? Habe ich komplexere Zusammenhänge visualisiert?
- Ist die Fülle an Zahlen meinen Zuhörern noch zuzumuten?

5.4 Wie gebe ich Meinungen an und zitiere Experten?

Da gibt es diesen einen Mann, der denkt, dass dieser andere Mann, der was zu Reichendorff geschrieben hat, total falsch lag und das eigentlich nur diese Frau aus Breslau die wahre Bedeutung der Langeweile erfasst hat.

Mache es sprachlich deutlich, wenn du nicht deine eigene Meinung, sondern die Meinung Anderer wiedergibst. Zitiere nur seriöse Wissenschaftler und Forscher, deren Meinung in der Fachwelt Gewicht hat. Wenn du wörtlich zitierst, musst du unbedingt den Namen des Autors nennen. Ein Vortrag wird spannender, wenn du Experten aus verschiedenen Lagern zu Wort kommen lässt, die du gegeneinander stellst und diskutierst.

> *TIPP:*
> *Mache dich darauf gefasst, dass Nachfragen zu den von dir genannten Namen kommen. Die wichtigsten Dinge solltest du also über diese Personen wissen.*

Übertreibe es aber nicht mit fremden Meinungen: Schließlich soll es ein von dir persönlich gestalteter Vortrag sein, in dem vor allem du selbst zu Wort kommst.
Du kannst auch Stimmungen in der Gesellschaft beschreiben oder landläufige Meinungen aufgreifen, um an diese anzuknüpfen oder sie zu widerlegen.

Formulierungshilfe: Einfügen von Zitaten und fremden Meinungen
In seinem Aufsatz/Buch/seiner Veröffentlichung [Die deutsche Lyrik]* weist [Peter Müller] bereits darauf hin …
[Peter Müller] plädiert für/gegen …
In diesem Zusammenhang möchte ich folgende Aussage von [Peter Müller] zitieren:
Auch [Peter Müller] stellt in seinen Veröffentlichungen wiederholt diese These auf.
Auf Seite 26 des Buches [Die deutsche Lyrik] von [Peter Müller] aus dem Jahr 2003 finden wir folgende Bemerkung:
Im Gegensatz zu dem, was [Peter Müller] in seinem Aufsatz [Die deutsche Lyrik] behauptet, …
In wissenschaftlichen/informierten/politischen Kreisen geht man davon aus …

5.5 Wie formuliere ich meine persönliche Stellungnahme?

Fragt mich nicht, was ich dazu meine – ich habe keines von Seichendorffs Gedichten gelesen.

Die persönliche Stellungnahme ist nicht immer unbedingt notwendig, kann aber dazu dienen, dem Vortrag eine eigene Note zu verleihen. Auch die Zuhörer zeigen in der Regel ein starkes Interesse an der Meinung des Vortragenden. In vielen Fällen wird die eigene Stellungnahme als wesentlicher Bestandteil der Arbeit betrachtet und sollte deshalb entsprechend viel Raum einnehmen. Was hier von dir erwartet wird, solltest du rechtzeitig mit deinem Lehrer klären. Die persönliche Stellungnahme bietet sich besonders als Anknüpfungspunkt für Diskussionen an, in die das Publikum einbezogen werden soll.

Wenn du deine eigenen Gedanken und Ansichten zu einem Thema darlegen willst, mache deutlich, dass du jetzt deine eigene Position beschreibst. Achte darauf, dass sich deine Stellungnahme schlüssig aus den vorangegangenen Ausführungen ergibt und keine neuen Unklarheiten aufwirft. Begründe deine Position und nimm dabei vergleichend oder distanzierend Bezug auf zuvor genannte Argumente und Meinungen. Du kannst natürlich auch dargestellte Positionen kritisch hinterfragen oder Vor- und Nachteile einer Sache aufzeigen. Wichtig dabei ist vor allem, dass du deine Stellungnahme fundiert und nachvollziehbar begründest.

Formulierungshilfe: Vertreten der eigenen Meinung
Ich bin der Ansicht, dass …
Ich halte es für sehr wahrscheinlich, dass …
Ich kann mich der Meinung von [Peter Müller] anschließen.
Besonders überzeugend finde ich …
Ich habe große Zweifel, ob …
Das Argument überzeugt mich nicht, weil …
Im Gegensatz zu [Peter Müller] bin ich der Meinung, dass …
Ich sehe hier Vorteile, aber auch ganz entscheidende Nachteile:
Ich ziehe folgende Schlüsse:

6. Ende gut, alles gut – Der Schluss

6.1 Wie fasse ich die Hauptpunkte zusammen?

Na, hoffentlich vergisst ihr keine dieser interessanten Fakten über Teichendorff. Vielleicht sollte ich euch alles noch einmal erzählen – nur um sicher zu gehen.

> *TIPP*:
> *Baue am Ende keine völlig neuen Gedanken und Argumente ein.*

Der Schluss ist nicht nur ein Anhängsel, sondern auch das Finale deines Vortrags. Dieses Finale gilt es, möglichst kurz, prägnant und eindrücklich zu gestalten. Ziehe den Schluss nicht unnötig in die Länge – vor allem dann nicht, wenn du das Ende bereits angekündigt hast.

Versuche also nicht, sämtliche Argumente in Kurzform wiederzugeben, sondern zähle die wichtigsten Hauptpunkte deines Referates auf. Es könnte sich beispielsweise anbieten, dein Hauptargument in zugespitzter Form noch einmal auf den Punkt zu bringen. Ein Fazit oder eine Bewertung der Befunde sind weitere Möglichkeiten, um den inhaltlichen Teil des Referates abzuschließen und die einzelnen Aspekte zu bündeln.

Formulierungshilfe: Abschließende Zusammenfassung
Lasst mich das Wesentliche noch einmal zusammenfassen:
Abschließend möchte ich …
Nach sorgfältiger Abwägung der Argumente …
Ich komme zu folgendem Schluss:
Als Konsequenz aus meinen Ausführungen ergibt sich für mich …
Lasst mich nun zu einer Bewertung kommen:

6.2 Wie beende ich die Präsentation?

Ok. Das war's. Eich-Ende

Genauso wichtig wie eine freundliche Begrüßung ist auch ein gelungener Abschluss, der deutlich signalisiert, dass dein Referat beendet ist. Vergiss vor Erleichterung über den erfolgreich gehaltenen Vortrag nicht, dich angemessen bei deinen Zuhörern für die Aufmerksamkeit zu bedanken oder mit einem höflichen, an die Zuhörer gerichteten Schlusssatz, das Referat offiziell zu beenden.

Checkliste: Das Ende eines Referats

- Kündige an, wenn du dich dem Ende deines Referats näherst.
- Fasse wesentliche Punkte noch einmal prägnant und kurz zusammen.
- Ziehe ein Fazit/eine Schlussfolgerung, die sich logisch aus deinem Referat ergibt.
- Gehe auf die Ausgangsfrage deines Referats ein.
- Räume den Zuhörern die Möglichkeit ein nachzufragen.
- Bedanke dich bei deinen Zuhörern und verabschiede dich.

Formulierungshilfe: Ende der Präsentation
Vielen Dank fürs Zuhören.
Ich bedanke mich für eure Aufmerksamkeit.
Ich hoffe, euch Denkanstöße/Diskussionsstoff gegeben zu haben.
Ich hoffe, dass ich eine neue Sichtweise auf ... vermitteln konnte.
Ich hoffe, dass ich euch dieses Thema unter einem neuen Blickwinkel präsentieren konnte.
Wenn ihr euch näher mit diesem Thema beschäftigen wollt, kann ich euch folgende Literatur empfehlen:
Hiermit möchte ich die Diskussion eröffnen.

6.3 Wie rege ich Fragen an und gehe mit ihnen um?

Bitte fragt mich nichts zu Schleichendorff – ich habe euch alles erzählt, was ich weiß.

> *TIPP:*
> *Gib zu, wenn du auf eine Frage keine Antwort weißt und biete an, die Antwort herauszufinden und nachzureichen.*

Gib den Zuhörern am Ende auf jeden Fall die Gelegenheit, Fragen zu stellen. So hast du die Möglichkeit, Unklarheiten zu beseitigen und vertieft auf bestimmte Sachverhalte einzugehen. Überlege dir vorher, welche weiterführenden Fragen die Zuhörer stellen könnten und wie du die Fragen beantworten kannst. Dann wirst du nicht überrascht und kannst dir bereits mögliche Antworten zurechtlegen.

Verständnisfragen
Zunächst sollten Verständnisfragen geklärt werden, damit jeder genau weiß, was gemeint ist. Lege gegebenenfalls eine Folie ein zweites Mal auf, um eine Problematik zu erläutern.

Weiterführende Fragen
Du solltest darauf gefasst sein, dass auch Fragen zu Themen kommen, die du in deinem Referat nur am Rande angeschnitten hast, oder dass tiefer gehende Erklärungen von dir erbeten werden. Es ist deshalb ratsam, möglichst viele Details zu kennen und sich die Zusammenhänge und Verbindungen zu verwandten Themen bereits im Vorfeld klar zu machen. Achte aber darauf, sehr spezielle Fragen Einzelner nicht zu ausführlich zu beantworten, um die übrigen Zuhörer nicht zu langweilen. Verweise eventuell auf Literatur, die sich näher mit diesem Thema befasst.

Formulierungshilfe: Fragen anregen und darauf reagieren
Gibt es dazu Fragen?
Ist noch etwas unklar?
Für Fragen stehe ich gerne zur Verfügung.
Falls es Fragen gibt, könnt ihr diese jederzeit stellen.
Bitte scheut euch nicht zu fragen.
Eine ausführlichere Beantwortung der Frage würde etwas zu weit führen.
Diese Frage würde ich gerne ins Plenum zurückgeben.

Diskussion

In manchen Fällen bietet sich eine Diskussion am Ende eines Referates an. Die bis dahin passiven Zuhörer erhalten die Möglichkeit, sich aktiv zu beteiligen, du dagegen solltest dich nun zurücknehmen und in die Rolle des Moderators schlüpfen. Deine Aufgabe ist es, die genannten Argumente und Stellungnahmen immer wieder zu bündeln, Dinge auf den Punkt zu bringen und durch geschickte Fragen die Diskussion am Laufen zu halten. Zur Diskussionsleitung beachte bitte auch Kapitel 10.

Formulierungshilfe: Zur Diskussion überleiten
Hiermit möchte ich die Diskussion eröffnen.
Wie steht ihr zur dieser Fragestellung?
Was ist eure Meinung zu diesem Thema?
Würdet ihr dem zustimmen?

6.4 Wie beurteile ich ein Referat?

Bei der Beurteilung des Referats geht es natürlich in erster Linie um eine fundierte Sachkenntnis, die es zu zeigen gilt. Sachliche Richtigkeit, ein klarer Aufbau und Verständlichkeit sind hier wichtige Kriterien.
Doch damit allein ist es nicht getan. Ein wesentlicher Bestandteil des Referats ist der Vortrag, der nach sprachlicher Ausdrucksweise, Wortwahl, Flüssigkeit und Auftreten beurteilt wird. Auch eine vollständige Angabe der Quellen und die Auswahl der verwendeten Literatur fließen in die Bewertung mit ein. Außerdem ist es wichtig, auch spontan mit weiterführenden Fragen umgehen zu können und so eine gewisse Flexibilität und ein Hintergrundwissen unter Beweis zu stellen.

Häufig wird auch eine gewisse Transferfähigkeit erwartet, d. h. das angeeignete Wissen muss auch auf andere Bereiche übertragen werden können. Problembewusstsein, Leistungsbereitschaft, Kreativität, Genauigkeit, Interesse und Urteilsfähigkeit sind weitere Kriterien, an die man vielleicht häufig nicht denkt, die aber bei der Beurteilung eine Rolle spielen können.

TIPP:
Zeige deinen Zuhörern, dass du Lust hast, ihnen das Thema näher zu bringen. Wenn du begeistert bist, begeisterst du auch deine Zuhörer.

Bewertungskriterien für ein Referat

Es gibt mehrere Bereiche, die bei der Bewertung eine Rolle spielen:

Inhalt
Du solltest zeigen, dass du dich mit deinem Thema auseinandergesetzt hast und nicht nur die notwendigen Fakten kennst, sondern darüber hinaus dein Thema auch kritisch beleuchten und analysieren kannst. Arbeite dabei genau, vermeide sachliche Fehler und versuche, die Informationen so zu strukturieren, dass den Zuhörern klar wird, wo deine Schwerpunkte liegen. Die Reihenfolge sollte logisch und nachvollziehbar sein (→ Kap. 2.7).

Vortragsweise
Sprich frei und flüssig, achte auf deine Wortwahl und Ausdrucksweise und versuche, deinen Vortrag möglichst verständlich und klar zu formulieren (→ Kap. 3.7).

Quellen
Wähle möglichst solide und unterschiedliche Quellen und achte darauf, wirklich alles, was du verwendet hast, auch anzugeben (→ Kap. 2.1).

Checkliste: Fähigkeiten, die bei einem Referat eine Rolle spielen

- Kreativität und Vorstellungsvermögen
- Transferfähigkeit und Problembewusstsein
- Leistungsbereitschaft und Genauigkeit
- Teamfähigkeit und Verantwortungsbewusstsein
- Urteilsfähigkeit und Kritikfähigkeit
- Belastbarkeit und Selbstvertrauen

Wenn es hinterher ein Gespräch zwischen dir und deinem Lehrer oder Dozenten gibt, solltest du darauf achten, dich realistisch einzuschätzen und durchaus auch selbstkritisch zu sein. Versuche Schwächen aufzudecken (ohne dich selbst dabei „niederzumachen“) und Stärken zu betonen. Es ist sicher nicht einfach, nach einem Referat reflektiert über sich selbst Rückmeldung zu geben. Die folgende Checkliste zeigt wichtige Punkte auf und soll dir bei einer sachlichen Rückmeldung helfen.

Checkliste: Selbsteinschätzung

- Habe ich das Thema sicher und verständlich dargestellt?
- Habe ich alle notwendigen Inhalte gebracht?
- War eine Struktur für meine Zuhörer erkennbar? Habe ich darauf hingewiesen?
- Habe ich ein nachvollziehbares Fazit gezogen?
- Ist es mir gelungen, Interesse bei meinen Zuhörern zu wecken?
- Konnte ich Fragen zu meinem Thema sicher beantworten?
- Habe ich frei gesprochen und meine Zuhörer angeschaut?

Übung macht den Meister

Informationen finden

Übung 1 | Lösung S. 122

Welche **Suchoperatoren** kannst du im Internet benutzen, wenn du …

a) eine feste Phrase oder mehrere zusammenhängende Worte suchst, z. B. *Vegetation der Tropen*?

b) Zusammensetzungen mit einem bestimmten Wort suchst, z. B. alle Verbindungen mit *Kernkraft*?

c) Worte von der Suche ausschließen möchtest, z. B. du suchst nach *Gebirge*, möchtest aber *Alpen* und *Ural* ausschließen?

d) nach mehreren Begriffen gleichzeitig suchen möchtest, z. B. *Kernkraft*, *Energie* und *Radioaktivität*?

Übung 2 | Lösung S. 122

Ordne die Informationen zum Thema Alpen den passenden Unterüberschriften in der Tabelle zu.

a) Sommertourismus: Wandern, Klettern, Radfahren

b) Geologische Auffaltung begann vor etwa 135 Millionen Jahren

c) Das höchste Gebirge innerhalb Europas

d) Größe ca. 200 000 m^2

e) Wintertourismus: Skisport

f) Abschluss der Auffaltung im Tertiär (vor etwa 30 Millionen Jahren)

g) Höchster Gipfel: Montblanc (4808 m)

h) Klimascheide Europas

i) Mehrstufiger Prozess der Auffaltung

j) Südliche Alpen: Mediterranes Klima

k) Typisches Wetterphänomen: Föhn

l) Klimawandel: Abschmelzen der Gletscher

1) Allgemeines/Überblick	2) Entstehung der Alpen
3) Klima	**4) Tourismus**

Übung 3 | Lösung S. 122

Welche Themen könnten beim Thema Alpen noch behandelt werden?

Übung 4 | Lösung S. 122

Ordne die folgenden Begriffe schlüssig in einer **Mind-Map** zum Thema *Energiequellen* an. Arbeite mit Ober- und Unterbegriffen.

- Erdgas
- Wasser
- fossile Energiequellen
- Meeresströmung
- regenerative Energiequellen
- Kohle
- Sonne
- Erdwärme
- nukleare Energiequellen
- Wind
- Kernspaltung
- Erdöl
- Wellen

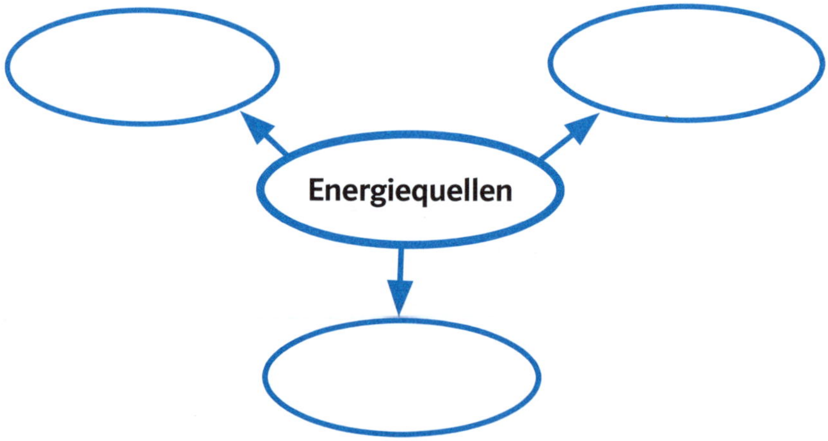

Karteikarten schreiben

Übung 5 | Lösung S. 123

Ein Teil deines Referats ist zum Thema Alpenflora. Der unten abgedruckte Text entspricht ungefähr den Informationen, die du an deine Mitschüler weitergeben möchtest.
Wie könntest du die Informationen möglichst knapp und sinnvoll auf zwei **Karteikarten** schreiben?

Die Vegetation der Alpen ist sehr vielfältig. Etwa 4500 Blütenpflanzenarten sind hier verbreitet, davon kommen 650 hauptsächlich oder nur hier vor. Es gibt ganz typische Pflanzen, die mit den Alpen assoziiert werden, wie das Edelweiß oder der blaue Enzian. Bei der Flora spielen die Verhältnisse des Untergrundes, also Bodenzusammensetzung und Bodenstruktur, eine wichtige Rolle. Kalkböden beispielsweise sind trockener und wärmer als Silikat. Auch die Lage ist entscheidend für die Vegetation. In den östlichen Nordalpen dominieren Fichtenmischwälder, in den Zentralalpen finden sich neben Bergmatten Lärchen- und Fichtenwälder.

Ein weiterer zentraler Punkt für die Vegetation ist die Höhe. Man unterscheidet mehrere Stufen auf unterschiedlicher Höhe, die sich in ihrer Vegetation deutlich unterscheiden.

Die montane Stufe (ab 500 m) ist bewaldet und kann bis auf 2000 m reichen. Je nach Lage wechseln die Baumbestände. Im gemäßigten mitteleuropäischen Klima beispielsweise wachsen unten Eichen, dann folgen Rotbuche und Fichte.

Die subalpine Stufe (1900 – 2200 m) bildet den Übergang hin zur baumlosen alpinen Stufe. Hier finden sich Straucharten, an trockenen Standorten beispielsweise die Latschen-Kiefer.

Auf der alpinen Stufe (2300 – 3000 m) ist der Boden weitgehend mit Rasen bedeckt. Besonders der Kalkrasen ist reich an unterschiedlichen Blütenpflanzen.

Auf der nivalen Stufe (ca. 3000 m bis in die Gipfelbereiche) gibt es keine geschlossene Vegetationsdecke mehr, Pflanzen wachsen vereinzelt, Flechten gibt es häufig. Immerhin gibt es aber etwa 150 Pflanzenarten, die man noch über 3000 m anfinden kann.

1

2

Bibliografie erstellen

Übung 6 | Lösung S. 123

Ordne die Angaben auf der linken Seite ihren entsprechenden Bedeutungen auf der rechten Seite zu! Erstelle dann eine vollständige **bibliografische Angabe**!

a) ☐ Stuttgart	1) Verlag und Jahreszahl
b) ☐ PONS, 2014	2) Titel
c) ☐ *Zweifelsfrei Deutsch. Grammatik.*	3) Autor
d) ☐ Balcik, Ines	4) Seitenangabe
e) ☐ S. 12 ff.	5) Ort

____

____

____

____

____

____

____

____

____

Übung 7 | Lösung S. 123

Du findest in einer Bibliografie folgende **Abkürzungen**. Was bedeuten sie?

a) ders./dies. ______________________________

b) ebd. ______________________________

c) f./ff. ______________________________

d) o.J. ______________________________

e) o.O. ______________________________

Visualisierung

Übung 8 | Lösung S. 124

Welchen **Diagrammtyp** wählst du in den folgenden Fällen sinnvollerweise: Säulendiagramm, Kreisdiagramm oder Liniendiagramm?

a) Du hast genaue Zahlen, wie viele Raucher es in den Jahren von 1998 bis 2008 in Deutschland gab und möchtest deinen Zuschauern diese Entwicklung deutlich machen.

____

b) Du möchtest die Anzahl der Raucher im Jahr 1950, 1970 und 1990 miteinander vergleichen.

____

c) Du möchtest darstellen, wie viel Oberfläche eines Landkreises auf welche Weise genutzt wird und hast folgende Zahlen: 500 km^2 Landwirtschaft, 470 km^2 Waldfläche, 152 km^2 Städte, Gemeinden und Infrastruktur und 26 m^2 Wasserfläche.

____

Arbeit an Ausdruck und Stil

Übung 9 | Lösung S. 124
Wie könntest du die folgenden Sätze einfacher und damit **stilistisch besser** formulieren?

a) An dieser Entschlossenheit, die sich bereits im Auftreten der Parteispitze zeigte, die an der neu erworbenen Machtstellung keinen Zweifel aufkommen lassen wollte, ist ersichtlich, dass auch die katastrophale Versorgungslage keine Abkehr von diesem System bewirken würde.

b) Mitte der 30er Jahre, in denen sich ein rascher gesellschaftlicher Wandel vollzog, der alle Schichten betraf, war in deutlich ansteigenden Produktionszahlen zu sehen, dass sich der industrielle Fortschritt wirtschaftlich auswirkte.

a) ______________________________

____

____

____

____

b) ______________________________

____

____

____

Übung 10 | Lösung S. 124
Wie lassen sich die **Anglizismen** durch deutsche Begriffe ersetzen?

a) Dieses Event war ein echtes Highlight in ihrem Leben.

b) Die Stimmung bei diesem Meeting war relaxed.

a) ______________________________

b) ______________________________

Übung 11 | Lösung S. 124
Wie kannst du die **Umgangssprache** in gutes Deutsch übertragen?

a) Das ist kein Thema.

b) Bingo!

a) ____

b) ____

Übung 12 | Lösung S. 124
Wie kannst du den umständlichen **Nominalstil** umgehen?

a) Ich möchte hierzu einige Ausführungen machen.

b) Diese These möchte ich in Zweifel ziehen.

a) ____

b) ____

Aussprache

Übung 13
Und zum Abschluss eine kleine Übung, die deine **Aussprache** deutlicher macht:

Nimm einen Korken in deinen Mund und versuche damit möglichst verständlich zu sprechen. Mache das einige Minuten lang (am besten auch direkt vor dem Referat). Wenn du möchtest, kannst du so deinen Referatstext noch einmal durchgehen oder dich an ein paar Zungenbrechern versuchen.
Nimm den Korken dann wieder aus dem Mund – jetzt wirst du merken, dass die Sache mit der Aussprache schon wesentlich besser klappt!

Diskutieren

Diskutieren

7. Worum geht's? – Die Vorbereitung

7.1 Wie kläre ich das Thema und bilde mir eine Meinung?

Bei einer Diskussion werden zu einem bestimmten Thema Meinungen und Argumente ausgetauscht. Häufig ist das Thema bereits vorgegeben.

TIPP:
Schreibe alle Ideen – auch ungewöhnliche – zu einem Thema ungefiltert auf und entscheide dann, welche du für gut und wichtig hältst.

Ideen
Sammle zunächst Ideen zu deinem Thema und schlage Begriffe im Lexikon nach. So erleichterst du dir den Einstieg. Entscheide dich erst für einen Standpunkt, wenn dir das Thema vertraut ist.

Ziele
Die Ziele einer Diskussion können unterschiedlich sein: Vielleicht willst du die anderen von deinem Standpunkt überzeugen, oder du möchtest im Laufe der Diskussion die Lösung eines Problems erreichen. Auch ein Kompromiss oder eine neue Erkenntnis können am Ende einer Diskussion stehen.

Standpunkte
Eines jedoch haben alle Diskussionen gemeinsam: Sie bieten die Möglichkeit, eine Sache aus einem neuen Blickwinkel zu betrachten. Versuche, möglichst viele Aspekte in deinen Überlegungen zu berücksichtigen. Erst dann kannst du dich auf die Argumente der Gegenseite einstellen und in der Diskussion angemessen darauf reagieren.

Checkliste: Thema erfassen

- Warum lohnt es sich, über dieses Thema zu sprechen?
- Welche sind die zentralen Schlüsselbegriffe in der Themenstellung?
- Wie sind diese Begriffe definiert?
- Welche Hintergründe muss ich recherchieren?
- Welche Themenbereiche hängen mit meinem Diskussionsthema zusammen?
- Welchen Standpunkt möchte ich in einer Diskussion vertreten?

7.2 Wie sammle ich Argumente und recherchiere diese gründlich?

Sammle zunächst so viele Ideen wie möglich. Formuliere dann die Argumente aus. Überlege dir, mit welchen Argumenten du deinen Standpunkt stützen kannst. Ordne deine Argumente in zwei Spalten (pro und kontra). Überlege dir bereits jetzt, wie du eventuell auf Gegenargumente reagieren könntest. Streiche erst im letzten Schritt besonders schwache oder unsinnige Argumente.

> *TIPP:*
> ***Konzentriere dich beim Sammeln der Argumente gleichermaßen auf die Pro- und Kontraseite!***

Überlege dir, welche Informationen du benötigst, um deine Argumente zu belegen und zu veranschaulichen. Beschaffe dir diese Informationen, Fakten und Zahlen aus möglichst seriösen Quellen, beispielsweise aus renommierten Zeitungen und Zeitschriften, vertrauenswürdigen Statistiken und Büchern. Die Regeln für das Recherchieren von Argumenten findest du in Kapitel 1.2.

Checkliste: Kriterien, nach denen sich Argumente ordnen lassen

- Welche meiner Argumente lassen sich unter einem Hauptargument zusammenfassen?
- Welche Argumente sind inhaltlich miteinander verbunden?
- Welche Argumente sind sehr stark und überzeugend? Welche sind schwächer?
- Welche Argumente eignen sich als Reaktion auf ein Argument der Gegenseite?

7.3 Wie baue ich ein Argument auf?

Ein Argument begründet oder widerlegt eine These. Argumente sollten aber nicht nur aus einer Aussage bestehen, die die These entkräftet oder stützt. Sie müssen gegebenenfalls erläutert, auf jeden Fall aber durch weitere Informationen gestützt werden, um überzeugend zu sein. Nimm dir Zeit, um die Argumente exakt zu formulieren und zu erklären.

Checkliste: Argumente stützen

- Expertenmeinungen miteinbeziehen
- Fakten, Zahlen und Statistiken anführen
- Normen und Grundsätze erläutern
- Beispiele angeben

8. Dafür! – Der Aufbau des Diskussionsbeitrages

8.1 Wie definiere ich mein Thema?

Sind Selbstdekonstruktion und Transzendenz wichtig für Eichendoofs Lyrik? – Ich nehme in dieser Sache die ontologische Sichtweise ein, weil ich überzeugt bin, dass uns dieser Ansatz ganz neue Einsichten in seine Lyrik gewährt. Mein Hauptargument ist …

Um sicher zu stellen, dass alle Diskussionsteilnehmer das Thema verstehen und um eine Verständigung über bestimmte Wörter zu erreichen, sollte eine Diskussion immer mit einer kurzen Definition des Themas begonnen werden. Schreibe alle Begriffe deines Themas auf, die unter Umständen missverstanden werden können und schlage diese in mehreren Lexika nach. Versuche dann, auf dieser Grundlage selbst eine möglichst einfache, nachvollziehbare und verständliche Definition der Begriffe zu formulieren.

Checkliste: Kriterien für eine gute Definition

- so einfach wie möglich
- so eindeutig wie möglich
- so exakt wie möglich
- möglichst scharf abgegrenzt zu anderen Begriffen
- möglichst ohne Ausnahmeregelungen

Formulierungshilfe: Definieren

Ich möchte das Thema kurz definieren …

Mit diesem Begriff meine ich …

Damit ist sowohl … als auch … gemeint.

Damit ist nicht gemeint, dass … sondern …

8.2 Wie argumentiere ich am besten?

Ich werde euch nun erklären, warum ich mit Peter Müllers Argumentation keinesfalls übereinstimmen kann. Auf der ersten Seite seines Aufsatzes ist ein Tippfehler! Das ist unglaublich! Ich kann ihn einfach nicht mehr ernst nehmen.

Grundsätzlich gibt es zwei Möglichkeiten, seine Argumente aufzubauen:

Linearer Argumentationsaufbau
Hier konzentrierst du dich ganz auf deine Position. Zunächst nennst du deinen eigenen Standpunkt zum Thema, dann folgen die Argumente, die diesen stützen. In der Regel (aber nicht notwendigerweise) ordnest du deine Argumente vom schwächsten zum wichtigsten. Wenn du mit dem stärksten Argument endest, hinterlässt du einen bleibenden Eindruck. Um die Aufmerksamkeit der Zuschauer zu wecken, kannst du aber auch mit einem starken Argument beginnen. Besonders überzeugend ist eine Argumentationskette dann, wenn die Argumente gedanklich folgerichtig aufeinander aufbauen und sich logisch ergeben.
Ein Vorteil des linearen Argumentationsaufbaus ist es, dass du deine eigene Position besonders stärkst. Du nennst nur Argumente, die deinen Standpunkt stützen. Allerdings berücksichtigst du die Argumente der Gegenseite dabei nicht. Gegenargumente können deine Argumentationskette deshalb empfindlich treffen.

Formulierungshilfe: Linearer Argumentationsaufbau
Erstens .... Zweitens ...
Zusätzlich ...
Und wenn außerdem richtig ist, dass ...
Als Konsequenz ergibt sich ...

Dialektischer Argumentationsaufbau
Hier werden Gegenargumente in die eigene Diskussion miteinbezogen. Auf ein eigenes Argument folgen mögliche Gegenargumente, die wieder durch eigene Argumente entkräftet werden. Der Redner greift also bereits in seinem Beitrag mögliche Einwände und Argumente der Gegenseite auf und widerlegt diese. Ein Vorteil dieser Form ist es, dass du gleich beide Seiten berücksichtigst und dadurch dem Zuschauer als überlegen und souverän erscheinst. Allerdings sollte auch bedacht werden, dass dieser Aufbau für Zuhörer wesentlich anspruchsvoller und schwieriger nachzuvollziehen ist als ein linearer Aufbau. Außerdem lässt sich nicht jedes Argument der Gegenseite so einfach entkräften.

Formulierungshilfe: Dialektischer Argumentationsaufbau

Auf der einen Seite … auf der anderen Seite …

Das ist zwar grundsätzlich richtig, aber …

Im Gegensatz dazu muss gesagt werden, dass …

Dem widerspricht aber …

Weitere spezielle Argumentationsmuster

Sonderfallargumentation
Hier gehst du von einem allgemein gültigen Regelfall aus, bringst dann aber einen Sonderfall und begründest, warum in dem von dir dargestellten, speziellen Fall von der Regel abgewichen und anders gehandelt werden sollte. Du kannst bei dieser Argumentationsweise die Argumente sowohl dialektisch als auch linear ordnen.

Vergleich
Zunächst werden zwei Positionen einander gegenüber gestellt, die erläutert und verglichen werden. Im Aufbau ähnelt dieses Muster einem dialektischen Argumentationsaufbau, allerdings werden die Begründungen der beiden Ansichten in diesem Fall ohne persönliche Wertung dargelegt. Deine eigene Meinung nennst du erst am Ende deines Diskussionsbeitrags.

Konsens
Auch hier werden zwei konträre Positionen vergleichend betrachtet und zunächst ohne eigene Stellungnahme dialektisch erläutert. Dann wird versucht, zwischen den Positionen zu vermitteln und einen Kompromiss zu finden, der beide Seiten berücksichtigt. Dies kann geschehen, indem Gemeinsamkeiten der Positionen herausgearbeitet werden.

Formulierungshilfe: Sonderfallargumentation

In diesem besonderen Fall aber …

Wir haben es hier aber mit einer sehr speziellen Situation zu tun.

Grundsätzlich ist dies zwar richtig. Hier aber …

Formulierungshilfe: Vergleich
Seine Gründe dafür sind …
Ich halte diesen Standpunkt für weniger überzeugend, weil …
Keiner der beiden konnte mich überzeugen. Ich denke, dass …

Formulierungshilfe: Konsens
Sicherlich ist auch stichhaltig, dass …
Folgende Gemeinsamkeiten sind sichtbar:
Beide treffen sich in folgendem Punkt:

8.3 Wie lege ich Sachverhalte dar und vertrete meinen Standpunkt?

Peter Müller behauptet A. Und dieser andere Typ sagt B. Jetzt weiß ich gar nicht mehr, was ich glauben soll. Das ist so verwirrend. Warum können die sich nicht einmal einig sein?! Muss ich immer selber denken?

Übersichtlich

Gerade bei einer Diskussion ist es wichtig, deutlich zu signalisieren, an welchem Punkt der Diskussion du dich befindest: Ob du gerade die These erläuterst, auf ein Argument der Gegenseite reagierst, ein eigenes Argument für deine These bringst oder ein Argument anhand von Beispielen und Fakten veranschaulichst. Nur so machst du unmissverständlich klar, welche Position du vertrittst.

Zielgerichtet

Sage, was du in der Diskussion erreichen willst und beziehe deine Argumente immer wieder direkt auf deine These, um Zusammenhänge zu verdeutlichen.

Schlagkräftig

Reihe nicht nur Argument an Argument. Dies wirkt öde und ist meist wenig überzeugend. Schlagkräftig werden deine Argumente dann, wenn es dir gelingt, sie anhand von Fakten, Zitaten und Beispielen zu veranschaulichen.

Sicher

Lass dich nicht verunsichern oder aus dem Konzept bringen. Gerade in einer Diskussion ist es wichtig, immer die Kontrolle zu behalten und sicher und überzeugt aufzutreten. Wenn Fragen kommen, die du nicht gleich beantworten kannst, versuche durch Fragen oder Floskeln etwas Zeit zu gewinnen, um deine Gedanken zu ordnen.

Formulierungshilfe: Meinen Standpunkt vertreten
Meine These ist, dass ...
Ich möchte euch davon überzeugen, dass ...
Für meine Haltung gibt es zahlreiche Gründe:
Als besonders schwerwiegend kommt hinzu, dass ...
Vielleicht wird dies durch folgendes Beispiel klarer:
Ein paar Zahlen werden diese Befunde verdeutlichen.
Dies spricht für die anfangs aufgestellte These.

Checkliste: Unsicherheiten überspielen

- Wiederhole kurz das Gesagte, um den roten Faden wiederzufinden.
- Fasse deine bisherigen Ausführungen knapp zusammen.
- Nenne eine weitere Zahl oder ein weiteres Beispiel zum eben genannten Argument.
- Stelle eine Frage zu deinen Ausführungen.
- Verweise kurz auf die These.
- Schreibe bei der Vorbereitung mögliche „Notfallreaktionen" auf deine Stichwortzettel.

8.4 Welche Argumentationsstrategien kann ich einsetzen?

Meine Mutter stimmt mir in diesem Punkt zu. Mein Onkel auch. Der Finanzminister auch. Und der Präsident der USA auch. Sogar Superman stimmt mir zu. Findet ihr das nicht überzeugend?

Es gibt unterschiedliche Möglichkeiten, wie du deine Argumente überzeugend gestalten kannst und welche Strategien es gibt, um ihnen Gewicht zu verleihen.

Autorität
Du zitierst wörtlich oder sinngemäß eine bekannte Autorität auf diesem Gebiet. Das können Experten, Wissenschaftler oder berühmte Persönlichkeiten sein. Allerdings ist zu bedenken, dass auch Experten sich zu einer Frage nicht immer einig sind.

Tatsachen
Du stützt dich auf Fakten und Zahlen, führst nachprüfbare Forschungsergebnisse und Statistiken an. Allerdings kann es auch hier unterschiedliche Ansätze und Resultate geben.

> *TIPP:*
> *Zahlen und Fakten müssen aktuell sein!*

Normen und Gesetze
Du berufst dich auf Wertvorstellungen und Gesetze, die in der Gesellschaft als gültig anerkannt werden. In der heutigen pluralistischen Gesellschaft mit ihrem ständigen Wertewandel ist das allerdings nicht immer einfach.

Erfahrung
Du berufst dich auf eigene Erfahrungen, die nachvollziehbar und verallgemeinerbar sein müssen.

Analogie
Es werden Vergleiche zu ähnlichen Vorgängen gezogen. Aber Vorsicht: Eine Übertragung ist nicht in jedem Fall möglich.

Gefühl
Du sprichst Wertevorstellungen an und appellierst an die Emotionen der Zuhörer. Achtung: Wenn du deinen Zuhörern zu verstehen gibst, dass alle anderen Denkweisen – außer deiner eigenen – verwerflich, moralisch schlecht und damit unzulässig sind, ist das Manipulation.

> *TIPP:*
> *Wenn du zu offensichtlich versuchst, deine Zuhörer zu manipulieren, bringst du diese gegen dich auf.*

Gesunder Menschenverstand

Einige Redner appellieren an den „gesunden Menschenverstand“. Dabei wird der eigene Standpunkt als Meinung der Mehrheit dargestellt. Wer dieser Meinung nicht folgt, befördert sich selbst ins Abseits. Dieses Mittel bewegt sich am Rande der Fairness, weil es ebenfalls manipulativ ist.

Formulierungshilfe: Sich auf Autoritäten, Zahlen und Fakten stützen
Auch [Peter Müller]* stellt in seinen Veröffentlichungen wiederholt diese These auf.
Schon [Peter Müller] hat gesagt …
Auch [Peter Müller] vertritt die Meinung, dass …
Die Zahlen zeigen, dass …
Folgende Fakten beweisen meine These:
Diese Statistik belegt …

* Elemente in eckigen Klammern (z. B. Eigennamen oder Titel) sind nur als Beispiel angegeben und können beliebig ausgetauscht werden.

8.5 Wie gestalte ich ein wirkungsvolles Schlussplädoyer?

Glaubt's mir einfach. Ich habe Recht.

Ein Schlussplädoyer schließt sich dem Argumentationsaustausch an und dient dazu, die eigene Position abschließend auf den Punkt zu bringen.

> TIPP:
> *Konzentriere dich darauf, die Vorteile deiner Position hervorzuheben.*

Sehr wirkungsvoll ist es, das stärkste Argument am Ende noch einmal aufzugreifen und in verschärfter und zugespitzter Form kurz zu wiederholen. Mache noch einmal unmissverständlich deutlich, worauf es dir ankommt. Ziehe ein Fazit, dass sich klar aus deinen Ausführungen ergibt und vertrete deinen Standpunkt selbstbewusst.

Wenn du um einen Kompromiss bemüht bist oder zwischen den beiden Standpunkten vermitteln willst, solltest du dein Schlussplädoyer so gestalten, dass du keine der genannten Positionen zu vehement vertrittst und stattdessen eher abschwächende und einschränkende Formulierungen verwendest. Vermeide in diesem Fall Phrasen, die die Gegenseite abwerten.

Checkliste: Möglichkeiten eines Schlussplädoyers

- Hauptargument in zugespitzter Form nennen
- Appell an die Zuhörer richten
- abschließendes Fazit ziehen
- Ziel deiner Argumentation nennen
- Gemeinsamkeiten der Standpunkte betonen
- einen Kompromiss vorschlagen

Formulierungshilfe: Mein Schlussplädoyer
Lasst mich das Wesentliche noch einmal zusammenfassen:
Nach sorgfältiger Abwägung der Argumente …
Ich bin fest davon überzeugt, dass …
Es gibt keinen Zweifel daran, dass …
Folgender Kompromiss wäre denkbar:
Wenn wir beide Seiten berücksichtigen …
Ich halte eine Kompromisslösung für möglich.

Darstellung eines Argumentationsaufbaus mit nützlichen Wendungen

These nennen	Meine These ist, dass …
Definition	Ich möchte das Thema näher erläutern.
	Mit dem Begriff … ist gemeint …
	Ich vertrete diese These, weil …
Argument 1 anführen	Denn wir können an … sehen, dass …
Argument 1 mit Belegen und Beispielen stützen	Dafür spricht, dass …
	Folgendes Beispiel soll veranschaulichen …
	Die Zahlen zeigen …
Argument 2 anführen	Zweitens …
Argument 2 mit Belegen und Beispielen stützen	Zusätzlich …
	Wenn wir noch einen Schritt weiter gehen …
Schlussfolgerungen und eigene Stellungnahme	Ich möchte das Wesentliche kurz zusammenfassen.
	Als Konsequenz ergibt sich für mich …
	Ich bin davon überzeugt, dass …
	Es gibt keinen Zweifel daran, dass …
	Wir sollten …

9. Dagegen! – Die Reaktion auf die Gegenseite

9.1 Wie reagiere ich auf die Gegenseite?

Unsinn!

Im Gegensatz zu einem Referat musst du bei einer Diskussion flexibel auf die Einwände der Gegenseite reagieren. Verfolge den Diskussionsablauf aufmerksam und notiere dir, wenn möglich, die Argumente und Belege der Gegenseite stichwortartig mit, um darauf Bezug nehmen zu können.
Konzentriere dich vor allem auf Schwachpunkte in der Argumentation der anderen. Hier kannst du ansetzen, um die Vorzüge deiner Position darzulegen. Ironie kann ein wirkungsvolles Mittel sein, um eine Unstimmigkeit aufzudecken. Versuche aber nicht zwanghaft, allen Punkten der Gegenseite zu widersprechen, das ist meist nicht möglich. Gerade wenn es dir darum geht, einen Kompromiss zu schließen, solltest du nicht zu kleinlich auf deinen Argumenten beharren. Mache aber deutlich, wo du die Schwierigkeiten in der Argumentationsweise der Gegenseite siehst und halte eigene Lösungsvorschläge bereit.

TIPP:
Sei immer darauf gefasst, spontan etwas auf die Ausführungen der Gegenseite erwidern zu müssen.

TIPP:
Diskutiere nicht über feststehende Tatsachen oder subjektive Ansichten. Darüber lässt sich nicht streiten.

Mache sprachlich deutlich, wogegen du dich aussprichst und welche Punkte du unter Umständen bereit bist zu akzeptieren. Du kannst Aussagen der anderen vollständig ablehnen, teilweise ablehnen oder auch nur anzweifeln. Nutze hier sprachliche Mittel zur Differenzierung. Wenn du ein Argument für vollständig abwegig oder irrelevant hältst, solltest du dies unmissverständlich zum Ausdruck bringen.

Bleibe dabei unbedingt sachlich und bewahre einen kühlen Kopf, um angemessen, höflich aber bestimmt deine Position vertreten zu können. Lass dich nicht zu vorschnellen Aussagen hinreißen, sondern bedenke immer die Tragweite deiner Argumente.

TIPP:
Nimm sachliche Argumente nicht persönlich!

Checkliste: Der Umgang mit Diskussionsbeiträgen der Gegenseite

- aufmerksam zuhören und wesentliche Argumente mitnotieren
- flexibel auf die Argumentation der Gegenseite reagieren
- Reaktion auf Gegenargumente überdenken und nicht vorschnell vorbringen
- Schwachstellen und Fehler in der Argumentation erkennen und darauf reagieren
- sich nicht auf „Nebenschauplätze" abdrängen lassen, sondern am Kern der Sache arbeiten
- Lösungsvorschläge bringen
- immer sachlich, ruhig und höflich bleiben

Formulierungshilfe: Reaktion auf die Gegenseite

Ich fürchte, dem kann ich nicht zustimmen.
Das Argument überzeugt mich nicht, weil …
Das ist nicht der Punkt.
Ich persönlich halte das für diskussionswürdig.
Ich habe große Zweifel, ob …
Das kann teilweise stimmen, aber …
Das war früher vielleicht der Fall, aber …
Ist es nicht vielmehr so, dass …?

9.2 Wie durchschaue ich unfaire Tricks und begegne ihnen?

Ihr seid so gemein. Warum lasst ihr mich nicht einfach in Ruhe? Ich hasse euch alle!

Es gibt einige unfaire Mittel, die man selbst nicht verwenden sollte, die einem aber in einer Diskussion immer wieder begegnen. Man sollte sie also durchschauen und möglichst angemessen darauf reagieren.

Persönlicher Angriff
Hier geht es nur noch vordergründig um die Sache. In Wirklichkeit werden aber Personen und/oder Institutionen attackiert, beleidigt oder lächerlich gemacht. Dir wird mangelnde Sachkenntnis, fehlende Sorgfalt oder gar Dummheit vorgeworfen. Lass dich auf solche Provokationen nicht ein, weise dein Gegenüber auf die Unsachlichkeit seines Beitrages hin und bleibe selbst unbedingt sachlich.

Verallgemeinerungen
Von einem Einzelfall wird sofort auf allgemein gültige Regeln geschlossen, obwohl es sich nicht um einen typischen Allgemeinfall handelt. Es gibt auch den umgekehrten Fall: Hierbei wird eine allgemeine Regel pauschal auf einen Einzelfall übertragen, ohne dabei spezielle Umstände zu beachten. Entlarve diese Tricks.

Trugschlüsse
Falsche und nicht zulässige Schlüsse werden oft so geschickt verpackt, dass der Zuhörer den unlogischen Zusammenhang nicht bemerkt. So wird z. B. von einer fehlerhaften Annahme ausgegangen, die dann zu einer scheinbar schlüssigen Konsequenz führt. Deine Aufgabe ist es, den Fehler im Gedankengang offen zu legen und so den Trugschluss aufzudecken.

Scheintatsachen
Zwischen Tatsachen und der eigenen Meinung besteht häufig ein großer Unterschied. Weise dein Gegenüber darauf hin, wenn er eine persönliche Meinung als allgemein anerkannte Tatsache darstellt.

Imponieren
Zitate werden dazu missbraucht, die Gegenseite zu beeindrucken; Analogien werden angeführt, ohne darzulegen, ob ein Vergleich überhaupt zulässig ist; bloße Behauptungen werden als Fakten verkauft. Lass dich durch ein solches Imponiergehabe nicht beeindrucken, sondern nimm immer wieder auf Fakten und Tatsachen Bezug.

Manipulation
Durch starkes Emotionalisieren und/oder rhetorische Fragen wird versucht, die Zuhörer auf eine bestimmte Seite zu ziehen. Weise auf die Manipulationstechniken der Gegenseite hin.

Killerphrasen

Wenn einer Seite die sachlichen Argumente ausgehen, greift sie häufig auf Phrasen und Sätze zurück, deren alleiniges Ziel ist, die Gegenseite zum Schweigen zu bringen und Recht zu behalten: „An deiner Stelle würde ich das auch sagen." oder: „Das war aber schon immer so." sind typische Killerphrasen.

Checkliste: Kriterien, die Argumente erfüllen müssen

- enger Bezug zur These
- objektiv wahr oder wenigstens wahrscheinlich
- schlüssig oder plausibel
- auf logischen Schlussverfahren beruhend
- neutral und sachlich

→ Kap. 7.3

Formulierungshilfe: Unfairen Tricks begegnen

Bleiben wir doch sachlich.

Mit persönlichen Angriffen kommen wir nicht weiter.

Du vergleichst Äpfel mit Birnen.

So einfach lässt sich dieser Einzelfall nicht übertragen.

Du kannst daraus keine allgemein gültige Regel ableiten.

Dabei lässt du aber völlig unberücksichtigt, dass …

Bereits die Annahme, dass … ist fehlerhaft.

Kommen wir doch zum Kern der Sache zurück.

Diskussionen leiten

10. Die Rolle des Moderators

10.1 Worauf muss ich als Moderator achten?

Du hast noch 10 Sekunden Zeit. Neun … acht … sieben …

Es ist die Aufgabe des Moderators, zu Beginn der Diskussion mit einigen Informationen in das Thema einzuführen. Im Anschluss sollte er die einzelnen Diskussionsteilnehmer sowie deren Standpunkte vorstellen. Dazu ist es nötig, sich im Vorfeld inhaltlich gut mit dem Thema vertraut zu machen sowie sich über die Teilnehmer zu informieren.

> *TIPP:*
> *Als Moderator solltest du Argumente beider Seiten kennen, um während der Diskussion gegebenenfalls nachhaken und auf fachlich falsche Redebeiträge reagieren zu können.*

Wächter der Form
Du solltest immer die Uhr im Blick haben und dafür sorgen, dass die Redebeiträge nicht ausufern, so dass alle Teilnehmer sich äußern können. Außerdem liegt es in deiner Verantwortung, dass auch die etwas zurückhaltenden Diskussionsteilnehmer zu Wort kommen. Du kannst gezielt das Wort erteilen und so die einzelnen Wortmeldungen und Redebeiträge koordinieren und dafür sorgen, dass niemand anderen ins Wort fällt.

Strukturierender Vermittler
Neben formalen Aufgaben bist du als Moderator auch dafür verantwortlich, den Aufbau der Redebeiträge durch geschickte Fragen, Zusammenfassungen oder Kommentare zu verdeutlichen. Weise auf Verbindungen zwischen den vorgebrachten Argumenten hin, wenn die Diskutierenden das nicht selbst tun. Bitte darum, einzelne Aspekte noch zurückzustellen, bis andere ausreichend besprochen wurden und kläre Missverständnisse und Fehldeutungen. Dreht sich die Diskussion im Kreis oder wendet sie sich zu speziellen Fragen zu, solltest du weitere inhaltliche Impulse bringen oder den Sachverhalt knapp zusammenfassen. So machst du den Weg frei für neue Argumente. Es ist also unerlässlich, ständig den Überblick zu behalten und eine sehr gute Kenntnis des jeweiligen Themas zu besitzen.

Sachlicher Koordinator
Falls ein Diskussionsteilnehmer im Eifer des Gefechts die sachliche Ebene verlässt, ist es an dir, ihn darauf hinzuweisen und zu ermahnen, nicht persönlich zu werden. Nur so kann eine Diskussion erfolgreich sein und gegebenenfalls auch zu einem Ergebnis gelangen bzw. über einen reinen Schlagabtausch hinausgehen.

Generell bist du als Moderator nicht an der Diskussion beteiligt und beziehst demnach auch nicht Stellung zum Thema. Bleibe also neutral.

Formulierungshilfe: Eine Diskussion sachlich koordinieren
Ich muss dich bitten, dich kurz zu fassen.
Die Zeit ist begrenzt, deshalb sollten wir nun auch die anderen noch zu Wort kommen lassen.
Bleibe bitte sachlich.
Bitte bleibe in dieser Sache objektiv.
Das gehört jetzt nicht mehr zum Thema.
Ich bitte dich, persönliche Angriffe zu unterlassen.

10.2 Wie bringe ich die Diskussion voran?

Jetzt kommt schon, Leute. Versucht mal, euch ein bisschen was Intelligenteres auszudenken.

Es gibt verschiedene Möglichkeiten, eine Diskussion, die ins Stocken geraten ist, durch geschickte Fragen wieder in Schwung zu bringen. Es bieten sich in verschiedenen Situationen unterschiedliche Frageformen an.

> TIPP:
> *Betrachte dich in deiner Moderatorenrolle als Stellvertreter für Zuschauer und Diskussionsteilnehmer. Fragen, die du stellst, ermöglichen allen einen Informationsgewinn.*

Vorfragen

Durch gezielte Vorfragen kannst du zu Beginn der Diskussion das Thema und seine Ausprägungen eingrenzen und verdeutlichen. So stellst du sicher, dass alle Teilnehmer einzelne Sachverhalte und Begriffe auf die gleiche Weise verstehen.

Offene Fragen

Stelle Fragen, die nicht nur mit einem Wort oder Satz beantwortet werden können, um die Diskussion lebendig zu halten. Solche offenen Fragen ermöglichen den Teilnehmern, ausführliche und teilweise auch persönliche Stellungnahmen sowie Erläuterungen zu Argumenten anzubringen. Allerdings bergen diese oft unpräzisen Fragen die Gefahr, dass sich niemand zu Wort meldet oder Redebeiträge sehr weitschweifig werden.

Geschlossene Fragen

Wenn du eine ganz spezielle Information erfragen möchtest, stelle direkte, geschlossene Fragen. Es lassen sich so Kernaussagen herausarbeiten und klar formulieren. Mit Hilfe dieser Fragen können Sachverhalte vereinfacht oder übersichtlich aufgeschlüsselt werden. Der Nachteil dieser Frageform liegt darin, dass die Antwortmöglichkeiten sehr eingeschränkt sind.

Entscheidungsfragen

Sie sind eine Sonderform der geschlossenen Fragen, da sie die Antwort noch weiter einschränken, indem sie lediglich die Wahl zwischen zwei Alternativen vorgeben. Dem Befragten bleibt also keine Möglichkeit, eigene Überlegungen in seine Antwort mit einzubringen.

Scheinfragen

Fragen, deren Antworten bereits nahe gelegt werden (Suggestivfragen) oder die keine Antwort benötigen, da diese bereits in der Frage enthalten ist (rhetorische Fragen), sind Scheinfragen, die aus taktischen Gründen eingesetzt werden. Die Fragestellung lässt keine neutrale Beantwortung zu. Diese Art der Fragen bringt die Diskussion nicht voran, sondern gibt eine ganz bestimmte Richtung vor und manipuliert damit die Teilnehmer. Als Moderator solltest du diese Frageform deshalb soweit wie möglich meiden.

Gegenfragen

Hin und wieder ist es ratsam, Fragen der Teilnehmer geschickt umzudrehen und zurückzugeben oder eine Präzisierung zu verlangen. Dies nimmt den Druck vom Befragten, alles sofort beantworten zu müssen und lässt ihm Zeit zum Nachdenken. Außerdem nimmt es aggressiven Teilnehmern oft den Wind aus den Segeln. Es können auch Fragen an die gesamte Diskussionsrunde weitergegeben werden. Das bezieht die anderen mit ein, verhindert Zwiegespräche zwischen Einzelnen und entlastet den Moderator.

Formulierungshilfe: Diskussionen voranbringen
Wurde die hier vertretene Position deutlich?
Was ist die Gegenposition zu diesem Standpunkt?
Ihr habt jetzt die Möglichkeit, euch zu einem der genannten Aspekte zu äußern.
Wie stellt sich die Lage in euren Augen dar?
Worin besteht für dich die Kernaussage?
Was ist deiner Meinung nach das schwerwiegendste Argument und warum?
Wie würdest du dich verhalten, wenn …
Sind alle hier der Ansicht, dass …
Wenn wir diesen Gedanken weiterverfolgen, was wäre die Konsequenz?
Wäre es möglich, dies zu präzisieren?

11. Der Umgang mit schwierigen Situationen

11.1 Wie reagiere ich in schwierigen Situationen?

Woher soll ich das denn wissen? Bin ich Gott? Übrigens: Darum geht's in der Diskussion gar nicht, du Idiot.

Oftmals treten während Diskussionen Situationen auf, die nicht leicht zu beherrschen sind. Es ist wichtig, gerade dann ruhig zu bleiben und nicht die Nerven zu verlieren. Manchmal erscheinen unerwartete Fragen von Teilnehmern nur auf den ersten Blick schwierig.

Persönliche Angriffe und Polemisieren
Versuche, freundlich aber bestimmt, die Diskussion wieder auf eine sachliche Ebene zu lenken und sprich aufgetretene Schwierigkeiten auch direkt an.

Polarisieren und Beharren auf Meinungen
In diesem Fall ist es wichtig, dass du als Diskussionsleiter vermittelnd eingreifst, Gemeinsamkeiten zwischen den Positionen hervorhebst und durch weiterführende Fragen die Entwicklung des Diskussionsprozesses förderst. Manchmal lässt sich eine angespannte Situation auch durch Humor auflockern.

Stillstand der Diskussion
Hier helfen dir im Voraus vorbereitete Fragen oder zusätzliche Argumente weiter, zu denen sich die Teilnehmer äußern können. Auch bewusst sehr provokant formulierte Thesen geben neue Impulse. Sprich gezielt Personen an und hake nach, wenn Antworten nicht ausführlich genug ausfallen oder formuliere selbst nochmals das vorliegende Problem um, so dass die Teilnehmer neue Ansatzpunkte sehen.

Formulierungshilfe: Auf schwierige Situationen reagieren
Wenn wir uns rein auf die Sachlage stützen, dann sehen wir …
Persönliche Angriffe bringen uns nicht weiter.
So unvereinbar sind die beiden Standpunkte nicht.
Wenn wir versuchen, beide Aspekte zu berücksichtigen …
Versuchen wir uns von diesem Punkt zu lösen und beachten wir auch …
Wie könnten wir das konkret umsetzen?
Hast du vielleicht eine Idee, wie …
Warum lehnst du dieses Argument ab?

11.2 Welche Hilfsmittel unterstützen mich bei der Moderation?

Moment, bitte! Sprich nicht so schnell, ich muss das alles mitschreiben und habe keinen Stift.

Notizen und Tabellen helfen dir, eine Diskussion angemessen zu moderieren, flexibel zu reagieren und immer den Überblick zu behalten.

Notizen
Notiere dir Fragen, provokante Thesen, hilfreiche Formulierungen und eigene Argumente zu beiden Seiten übersichtlich auf Moderationskärtchen. So vorbereitet kannst du schnell auf unterschiedliche Situationen reagieren und die Diskussion, wenn sie ins Stocken gerät, mit neuen Impulsen wieder in Gang bringen.

Tabelle
Lege dir im Vorfeld eine Tabelle an (z. B. mit einer Übersicht der Pro- und Kontrateams), in die du während der Diskussion die genannten Argumente stichwortartig eintragen kannst. So weißt du, was bereits gesagt wurde und kannst jederzeit eine stichhaltige Zusammenfassung geben. Eine andere Möglichkeit ist, dir die Argumente, die du erwartest, bereits einzutragen und diese nur abzuhaken, wenn sie tatsächlich fallen. Auf diese Weise siehst du, nach welchen Punkten du als Moderator unter Umständen noch fragen kannst. Lass ausreichend Platz für weitere Argumente und Beispiele.

11.3 Welche Hilfsmittel unterstützen meine Diskutierenden?

Hört gut zu und merkt euch alles. Das ist alles sehr wichtig.

Auch für die Diskutierenden ist es nicht immer einfach, der Diskussion zu folgen. Vor allem dann nicht, wenn, du die Diskussion einfach laufen lässt und nicht eingreifst, um wesentliche Aspekte zu betonen, Argumente zusammenfassend zu bündeln oder um hin und wieder ein Zwischenfazit zu ziehen.
Du kannst den Diskutierenden aber nicht nur helfen, indem du lenkend und zusammenfassend in die Diskussion eingreifst, sondern auch, indem du einen schriftlichen Überblick bietest. Es gibt zwei Möglichkeiten wie du als Moderator den Diskutierenden helfen kannst, alle genannten Punkte zu überblicken.

Verlaufsprotokoll
Notiere wichtige Aspekte auf Folie mit, so dass alle den Verlauf der Diskussion sehen können. Dies kann als Tabelle oder auch als Mind-Map erfolgen. Der Vorteil ist, dass am Ende bereits eine Art Protokoll über die Diskussion vorliegt, anhand welcher eine Bewertung vorgenommen werden kann.

> *TIPP:*
> ***Du erleichterst dir dein Leben als Moderator, wenn du die Aufgabe des Mitprotokollierens an einen Zuhörer delegierst, der nicht aktiv an der Diskussion teilnimmt.***

Handout
Falls sich die Diskussion an dein Referat anschließt, und du die Rolle des Moderators übernimmst, kannst du ein Handout an alle Teilnehmer verteilen, auf dem die im Referat dargelegten Argumente zusammengefasst sind. Den Teilnehmern fällt es damit leichter, an Punkte anzuknüpfen und sich auf einzelne Aspekte zu beziehen.

Diskussionen analysieren

12. Beobachten

12.1 Worauf soll ich achten?

Nur um das richtig zu verstehen: Ich soll auf den Inhalt, Beispiele, Stil, Struktur, Sprache, Einleitung, Argumentation, Intonation, Rethorik, Gestik und Mimik achten. Sonst noch was?

> *TIPP*:
> *Lege deinen Fokus zunächst auf einzelne Kriterien. Es ist schwierig, sich auf alles gleichzeitig zu konzentrieren.*

Oftmals schließt sich an eine Diskussion eine Feedbackrunde an. Die Teilnehmer sowie der Moderator sollen dabei von den Zuschauern eine Rückmeldung erhalten, die es ihnen erlaubt, bei folgenden Diskussionen noch überzeugender aufzutreten. Damit das Feedback möglichst umfassend und konkret ausfällt, ist es die Aufgabe der Zuhörer, sowohl den Moderator als auch die einzelnen Teilnehmer zu beobachten und zu beurteilen. Mache dir als Zuhörer zunächst klar, welche Aufgaben die Diskutierenden und der Moderator haben und was du von ihnen erwartest.

Checkliste: Beobachtungskriterien zur Bewertung des Moderators

- sinnvolle Einführung ins Thema und prägnante Zusammenfassung der Ergebnisse
- Begrüßung der Zuhörer und Vorstellung der Teilnehmer
- Einhalten der formalen Regeln (z. B. zeitliche Vorgaben)
- ordnende, strukturierende und klärende Kommentare
- souveräner Umgang mit schwierigen Situationen (z. B. persönliche Angriffe)
- Sachkenntnis und hilfreiche Impulse (Argumente, provokante Thesen, weiterführende Fragen, etc.)

Checkliste: Beobachtungskriterien zur Bewertung der Diskutierenden

- fundierte Sachkenntnisse und gut gestützte Argumente (Belege, Beispiele)
- schlüssige, überzeugende Argumente
- logische Anordnung der Argumente und klare Struktur
- enger Bezug zur These
- Einhalten der sachlichen Ebene, keine unfairen Tricks
- Eingehen auf zuvor Gesagtes und Entkräften von Gegenargumenten
- klare Artikulation, Körpersprache und Mimik
- Sprache und Stil (Wortwahl, Überleitungen, rhetorische Mittel etc.)

12.2 Wie notiere ich, was ich beobachte?

Könntest du dich bitte kurzfassen? Sonst kann ich mir nämlich nicht alles merken, was du sagst.

Es ist hilfreich, sich im Vorhinein eine Tabelle anzulegen, in der die einzelnen Punkte, auf die geachtet werden soll, eingetragen werden. Während der Diskussion wird so mit einfachen Zeichen ein kleines Protokoll erstellt. Sprich dich mit anderen Beobachtern ab, so dass jeder auf andere Personen oder Kriterien achtet.

So kann sich einer der Beobachter beispielsweise nur auf die Körpersprache, ein anderer speziell auf die Sprache und den Stil, ein dritter nur auf die Argumente konzentrieren. Im günstigsten Fall (d.h. wenn genügend Beobachter vorhanden sind), konzentriert sich jeder Beobachter nur auf eine Person.
Wichtig ist, dass sich die Beobachter bereits während des Zuhörens Notizen machen, damit sie später ganz gezielt und konkret Rückmeldung geben können. Es kann sich auch anbieten, Argumente oder Formulierungen stichwortartig mitzuschreiben, um hinterher untersuchen zu können, was die Stärken und Schwächen bestimmter Argumente und Formulierungen waren.

Beispiel: Möglicher Aufbau eines Beobachtungsbogens für Argumente

Name (der zu beobachtenden Person)

Argument 1: Beleg:	+ (positiv):	– (negativ):
Argument 2: Beleg:	+	–
Argument 3: Beleg:	+	–

13. Bewerten

13.1 Wie gebe ich ein sinnvolles Feedback?

Ich habe noch nie so bescheuerte Argumente wie die von dir gehört. Und deine Stimme ging mir total auf den Keks. Bitte tu mir einen Gefallen und nimm nie wieder an einer Diskussion teil.

> *TIPP:*
> *Denke immer daran: Es ist leicht, Kritik zu üben, viel schwieriger aber, sie aktiv umzusetzen.*

Der Sinn des Feedbacks ist es, die Diskussionsteilnehmer weiter zu bringen. Indem sie auf bestimmte Aspekte aufmerksam gemacht werden, erhalten sie eine Hilfestellung für zukünftige Diskussionen und können sich so verbessern. Optimalerweise beginnt ein Feedback mit positiven Aspekten. Dies ist wichtig, damit derjenige, der die Rückmeldung erhält, zunächst in seinen Fähigkeiten und seinem Selbstbewusstsein gestärkt wird. Gib dem zu Beurteilenden ein Feedback, bei dem er das Gefühl hat, dass du tatsächlich helfen willst und auch positive Aspekte erkannt hast. So ist er viel offener für negative Kritik. Formuliere diese in Form von konkreten Ratschlägen, die direkt umgesetzt werden können.

Checkliste: Gutes Feedback

- beginnt mit positiven Punkten
- ist konstruktiv
- ist subjektiv formuliert
- beschreibt das Problem sachlich
- bezieht sich auf konkrete Beobachtungen

Formulierungshilfe: Eine gute Rückmeldung
Besonders beeindruckt hat mich, dass …
Schön fand ich, dass …
Du hast gut reagiert, als …
Ich finde, du könntest an … arbeiten.
An dieser Stelle konnte ich nicht nachvollziehen …
Überzeugender wäre das, wenn …
Ich würde mir wünschen, dass du auch auf die Argumente der Gegenseite eingehst.

Übung macht den Meister

Thesen und Argumente finden

Sollte klassische Literatur an Schulen unterrichtet werden?

1 In vielen Ländern wird die klassische Literatur als wesentlicher Bestandteil der schulischen Bildung betrachtet. Texte von Shakespeare, Goethe und Aristoteles werden an vielen Schulen in ganz Europa unterrichtet und interpretiert. Die Frage lautet: Warum eigentlich?

2 Schulen sollten sich doch viel stärker an zeitgenössischen Texten orientieren, die der heutigen Denkweise wesentlich näher stehen. Moderne Texte helfen Schülern, die Ereignisse der heutigen Zeit besser zu verstehen. Sie nehmen auf die neuesten Entwicklungen und Entdeckungen Bezug und sollten deshalb eher gelesen werden als klassische Literatur.

3 Zudem ist es für Schüler wesentlich einfacher, einen Bezug zu heutigen Texten zu finden. Es ist wichtig, Schülern etwas anzubieten, bei dem sie einen Bezug zu ihrem Leben herstellen können. Zeitgenössische Texte bringen universelle Themen (z. B. Liebe, Tod, Verrat, ...) in einer heutigen Sprache zum Ausdruck. Der Leser kann sich mit den Figuren identifizieren. Die Sprache klassischer Texte ist oftmals schwer verständlich. Literatur zu lesen sollte aber niemals Arbeit bedeuten: Wenn Leser schon mit der Sprache solche Schwierigkeiten haben, dass sie diese kaum verstehen, sind sie vielleicht – wenn sie sich mühsam durch alte Formulierungen gekämpft haben und endlich wissen, worum es in dem Text geht – schon gar nicht mehr am Inhalt interessiert.

4 Außerdem wird unsere Welt zunehmend von wirtschaftlichen Faktoren beeinflusst, derer sich viele Jugendliche gar nicht bewusst sind. Schulen sollten auch für Fächer Zeit haben, die für die Wirtschaft relevant sind. Wenn die Wirtschaft angekurbelt werden soll und junge Menschen darin ihren Platz finden wollen, dann sollte sich die Schule auf Technologie, Naturwissenschaft und Wirtschaft konzentrieren. Das ist für unsere Gesellschaft von größerem Nutzen, als unsere Zeit an nostalgische Ideen zur kulturellen Bildung zu verschwenden. Das höchste Ziel der Schulen sollte es sein, ihre Schüler erfolgreich auf den Arbeitsmarkt vorzubereiten. Kaum ein Beruf, außer dem Lehrberuf, erfordert Wissen über Shakespeare und Molière.

5 Natürlich kann man argumentieren, dass das Studium klassischer Literatur eine intellektuelle Herausforderung darstellt – aber das tun naturwissenschaftliche Studien auch. Und als zusätzlicher Pluspunkt ist die naturwissenschaftliche Bildung wirtschaftlich relevant.

Übung 1 | Lösung S. 124

Ordne die folgenden Überschriften den entsprechenden **Abschnitten im Text** zu!

- a) Lernen: Was Schüler wirklich brauchen, um erfolgreich zu sein
- b) Naturwissenschaft: Eine intellektuelle Herausforderung, die nützt
- c) Zeitgenössische Texte: Schlüssel zu einer modernen Welt
- d) Verstehen: Wozu Schüler einen Bezug finden können
- e) Einleitung

Übung 2 | Lösung S. 125

Welche der folgenden **Thesen** vertritt der Autor? Kreuze diese an!

- a) Literatur sollte an Schulen nicht unterrichtet werden.
- b) Es sollte klassische und zeitgenössische Literatur an Schulen unterrichtet werden
- c) Klassische Literatur sollte an Schulen nicht unterrichtet werden.

Übung 3 | Lösung S. 125

Die Textabschnitte 2, 3 und 4 enthalten je ein **Argument**, das die These des Autors stützt. Schreibe die drei Argumente auf!

1) ______________________________

____

____

2) ______________________________

____

____

3) ______________________________

____

____

Übung 4 | Lösung S. 125

Stelle dir vor, dass du die Argumente des Textes in einer kleinen Rede vorstellen sollst. Welche der folgenden **Schlüsselwörter und -sätze** findest du nützlich? Was würdest du auf eine Karteikarte schreiben?

- [ ] 1) Klassische Literatur: Shakespeare, Goethe, Aristoteles → warum?
- [ ] 2) schulische Ausbildung: wichtig → warum?
- [ ] 3) Zeitgenössische Texte: heutige Ereignisse und die neuesten Entdeckungen
- [ ] 4) sie beziehen sich mehr auf Heutiges als Klassiker
- [ ] 5) relevant
- [ ] 6) universelle Themen in verständlicher Sprache: Liebe, Tod, Betrug → Identifikation
- [ ] 7) Wenn Leser schon mit der Sprache solche Schwierigkeiten haben, dass sie diese kaum verstehen, sind sie vielleicht – wenn sie sich mühsam durch alte Formulierungen gekämpft haben und endlich wissen, worum es in dem Text geht – schon gar nicht mehr am Inhalt interessiert.
- [ ] 8) Schulen: Technologie, Naturwissenschaft, Wirtschaft → Arbeitsmarkt
- [ ] 9) Lehrer fordern: Kennen bekannter Schriftsteller
- [ ] 10) intellektuell herausfordernd und von wirtschaftlichem Nutzen: Naturwissenschaften

Eigene Argumente als Gegenposition aufbauen

Übung 5 | Lösung S. 125

Du möchtest eine Gegenposition zu der im Text vertretenen Meinung aufbauen.
Im folgenden Abschnitt findest du drei Argumente, die dafür sprechen, dass klassische Literatur in der Schule unterrichtet werden sollte. Zu jedem Argument gehört eine **Erklärung**. Versuche, diese Erklärungen dem jeweiligen Argument zuzuordnen!

Argument 1: Klassische Texte haben einen großen Einfluss auf heutige Literatur, Theater und Film.

Erklärung 1: ______________________________

Argument 2: Klassische Texte behandeln Themen, die sowohl damals als auch heute für die Menschen entscheidend sind.

Erklärung 2: ______________________________

Argument 3: Kulturell gebildete Jugendliche sind erfolgreicher in unserer heutigen Gesellschaft.

Erklärung 3: ______________________________

a) In vielen Bereichen der heutigen Gesellschaft ist es wichtig, unseren kulturellen Hintergrund zu kennen und darüber in angemessener Form sprechen zu können.

b) Die heutige Literatur kann ohne den Hintergrund klassischer Literatur nicht entsprechend verstanden und gewürdigt werden: Die klassische Literatur bildet das Fundament.

c) Themen sind nicht veraltet, sondern bleiben relevant. Schüler können Verbindungen zur heutigen Zeit sehen.

Übung 6 | Lösung S. 125

Zu jedem der oben genannten Argumente gehören auch ein bis zwei **Beispiele**.
Ordne auch die Beispiele dem jeweiligen Argument zu!

Argument 1: Klassische Texte haben einen großen Einfluss auf heutige Literatur, Theater und Film.

Beispiele 1: ______________________________

Argument 2: Klassische Texte behandeln Themen, die sowohl damals als auch heute für die Menschen entscheidend sind.

Beispiele 2: ______________________________

Argument 3: Kulturell gebildete Jugendliche sind erfolgreicher in unserer heutigen Gesellschaft.

Beispiele 3: ______________________________

a) Updike, *Gertrud and Claudius* (bezieht sich auf Shakespeares *Hamlet*)

b) Tod, Liebe, Hass, Macht, …

c) Präsentationen hinterlassen einen besseren Eindruck, wenn der Sprecher gekonnt klassische Stücke oder bekannte Philosophen zitieren kann.

d) *Macbeth*: Die Schüler können die Folgen von Macht und Machtmissbrauch damals und heute vergleichen.

Übung 7 | Lösung S. 125

Du bist mitten in einer Diskussion zum Thema *Wehrpflicht*.
Welche **Gegenargumente** könntest du anbringen?

1) Die nötige Truppenstärke kann nur durch die allgemeine Wehrpflicht garantiert werden. Nur so ist die Verteidigung des Landes möglich.

   a) ______________________________

   ____

   ____

2) Deutschland hat Verpflichtungen aus Bündnissen und muss diesen nachkommen. Deutsches Militär wird auch im Ausland eingesetzt. Fällt die Wehrpflicht weg, kann Deutschland diese Pflichten nicht mehr erfüllen, weil die Truppenstärke sinkt.

   b) ______________________________

   ____

   ____

3) Durch die Wehrpflicht sind die Streitkräfte in die Gesellschaft integriert. Auf diese Weise findet auch eine soziale Kontrolle statt.

   c) ______________________________

   ____

   ____

Unfairen Argumenten begegnen

Übung 8 | Lösung S. 125

Du diskutierst über die *Schädlichkeit des Rauchens*. Ordne richtig zu. Mit welchen Sätzen kannst du **kontern**, wenn dein Gegenüber sagt:

1) „Wir sind doch auch Autoabgasen ausgesetzt – da kräht kein Hahn danach, obwohl das auch schädlich ist. Nur die Raucher werden attackiert."

2) „Mein Opa hat geraucht wie ein Schlot und der wurde 98! Rauchen schadet also nicht."

3) „Du bist doch nur gegen Raucher, weil du so eine stinklangweilige Person bist, die im Leben keinen Spaß hat."

4) „Wir Raucher sollen eh immer an allem Schuld sein – demnächst macht ihr uns noch für den Klimawandel verantwortlich."

a) Bleiben wir doch sachlich.

b) Du vergleichst Äpfel mit Birnen.

c) Mit persönlichen Angriffen kommen wir nicht weiter.

d) Du kannst daraus keine allgemein gültige Regel ableiten.

Ein sinnvolles Feedback

Übung 9 | Lösung S. 125

Welche Sätze sind bei einer guten **Rückmeldung** sinnvoll? Kreuze die Sätze an, die dem Referenten nicht weiterhelfen oder die so formuliert sind, dass sie den anderen verletzen könnten.

☐ a) Also, ich fand das alles schon nicht schlecht.

☐ b) Besonders beeindruckt hat mich, dass du das schwierige Schaubild so einfach und klar erklärt hast.

☐ c) Du hast gut reagiert, als der Zwischenruf kam und gleich mit einem Gegenargument gekontert.

☐ d) Man hätte das auch anders strukturieren können. So wie du das gemacht hast, war das nicht so klar.

☐ e) Ich finde, du könntest an deiner Aussprache arbeiten. Manchmal hast du die Wortenden verschluckt, so dass ich Schwierigkeiten hatte, dich zu verstehen.

☐ f) An dieser Stelle konnte ich nicht nachvollziehen, was du mit dem Begriff *Hybris* gemeint hast.

☐ g) Überzeugender wäre es gewesen, wenn du noch eine Statistik gezeigt hättest, um deine Argumente zu untermauern.

☐ h) Das Ende war total plötzlich und nicht so gut.

☐ i) Du bist einfach nicht der geborene Redner, aber mach dir nichts draus. Es kann ja nicht jeder alles können.

Checkliste: Ein Referat vorbereiten und halten

Planung und Themenfindung

- Rechtzeitiges Treffen mit dem Lehrer/Dozenten zum Absprechen des Themas
- Festlegen eines Präsentationstermins
- Erste Ideen und Vorschläge erarbeiten (Mind-Map, Brainstorming, Lexika)
- Eingrenzen des Themas in Abstimmung mit der Lehrperson und Festlegen des Ziels
- Formulieren von Fragen und Unterthemen
- Erstellen eines Zeitplans (mit Puffer!)

Die Recherche

- Vorbestellen von Büchern, die eventuell interessant sein könnten und entliehen sind
- Verschiedene Quellen nutzen (Bücherei, Internet, Archive, Zeitzeugen, ...)
- Quellen auf Seriosität prüfen
- Material hinsichtlich der Relevanz für das Thema beurteilen
- Quellen vollständig aufschreiben (für die Bibliografie)
- Nützliches Material systematisch sammeln und ordnen
- Gliederung erstellen und mit der Lehrperson absprechen
- Ausarbeiten des Vortrags

Medieneinsatz und Visualisierung

- Geeignete Medien zur Veranschaulichung wählen
- Zahl der verwendeten Medien angemessen wählen und genügend Zeit dafür einplanen
- Überprüfen, ob das verwendete Material optimal zum Referat passt
- Übersichtliche Strukturierung der Folien/Plakate/...
- Die Lesbarkeit immer gewährleisten (Folie, Tafel, ...)
- Bei Filmausschnitten oder Hörbeiträgen Ton- und Bildqualität sowie Dauer überprüfen
- Die Quelle der verwendeten Filmausschnitte/Diagramme/Bilder/... angeben

Mein Handout

- Alle notwendigen formalen Angaben machen (Datum, Thema, Klasse/Kurs usw.)
- Gliederung des Referats angeben
- Wichtige Diagramme oder Zusammenfassungen auf das Handout schreiben
- Handout inhaltlich und auf Rechtschreibung und Grammatik hin überprüfen
- Literaturangaben korrekt auflisten
- Das Handout übersichtlich und einheitlich gestalten

Der organisatorische Rahmen

- Handouts in ausreichender Anzahl kopieren
- Alle erforderlichen Geräte rechtzeitig auf Funktionstüchtigkeit überprüfen
- Raum ordentlich herrichten, lüften und Tafel putzen
- Rechtzeitig in den Raum gehen und pünktlich beginnen
- Die Zeitvorgaben (Länge des Referats) einhalten

Meine Vorbereitung

- Einen oder mehrere Probedurchläufe machen – auch vor Freunden
- Genügend Schlaf am Tag zuvor
- Keine Hektik am Morgen und das Frühstück nicht vergessen
- Spaziergang, Musikhören oder Entspannungsübungen vor Referatsbeginn

Mein Auftreten

- Bequeme und angemessene Kleidung tragen
- Sichere und ruhige Körperhaltung
- Freundliche und offene Mimik
- Das Gesagte mit Gestik unterstreichen
- Augenkontakt zum Publikum suchen
- Dem Publikum zugewandt stehen und sprechen
- Auf das Publikum reagieren, beispielsweise, wenn sich Unverständnis zeigt

Meine Sprache

- Frei sprechen (Stichworte als Hilfe)
- Deutlich, laut und klar sprechen
- Flüssig vortragen, dabei aber nicht zu schnell und monoton werden
- Pausen einbauen, Wichtiges betonen, Tempo und Lautstärke variieren
- Verständlich erklären, Satzbau einfach halten
- Auf einen angemessenen Sprachgebrauch achten
- Zitate kenntlich machen und angeben, wenn die Meinung eines anderen wiedergegeben wird

Die Einleitung

- Zuschauer begrüßen und Thema vorstellen
- Interesse der Zuhörer wecken
- Gliederung angeben
- Darauf hinweisen, wann Fragen gestellt werden können
- Nachfragen, ob Folien/Anschriebe/etc. für alle gut lesbar sind

Der Hauptteil

- Auf sachliche Richtigkeit achten
- Konzentration auf das, was wirklich wichtig ist
- Möglichst vielseitiges Beleuchten des Themas
- Eigene Worte benutzen
- Einzelne Punkte logisch verknüpfen und Zusammenhänge aufzeigen
- Den roten Faden nicht verlieren und immer wieder deutlich machen
- Beispiele, Zahlen und Fakten einbauen
- Die eigene Meinung, die Meinung Anderer und Fakten klar voneinander trennen
- Unbekannte Fachbegriffe erklären

Der Schluss

- Wichtige Aspekte und Argumente knapp zusammenfassen
- Eine Schlussfolgerung angeben, die sich schlüssig aus den Ausführungen ergibt
- Die eigene Meinung angeben und ein Fazit ziehen
- Gegebenenfalls auf die Ausgangsfrage des Referats eingehen
- Eventuell einen Ausblick geben oder offene Fragen zur Diskussion stellen
- Den Zuhörern die Möglichkeit geben, nachzufragen und Dinge zu klären
- Sich auf Fragen aus dem Publikum vorbereiten und diese ausreichend beantworten können
- Sich bedanken und verabschieden

Referate halten

Übungen zum Inhalt

Übung 1

a) Setze die Phrase in Anführungszeichen, z. B. „Vegetation der Tropen".
b) Setze direkt nach dem Begriff ein Sternchen, z. B. Kernkraft*.
c) Setze ein Minuszeichen vor Begriffe, die ausgeschlossen werden sollen, z. B. Gebirge -Alpen -Ural.
d) Setze ein Pluszeichen zwischen die Begriffe, z. B. Kernkraft +Energie +Radioaktivität.

Übung 2

1) c, d, g; 2) b, i, f; 3) h, j, k, l; 4) a, e

Übung 3

Lösungsvorschlag:

Flora und Fauna, Besiedlung, Geschichte der Besiedlung, Gebirgszüge, Geologie der Alpen, Brauchtum und Kultur …

Übung 4

Lösungsvorschlag:

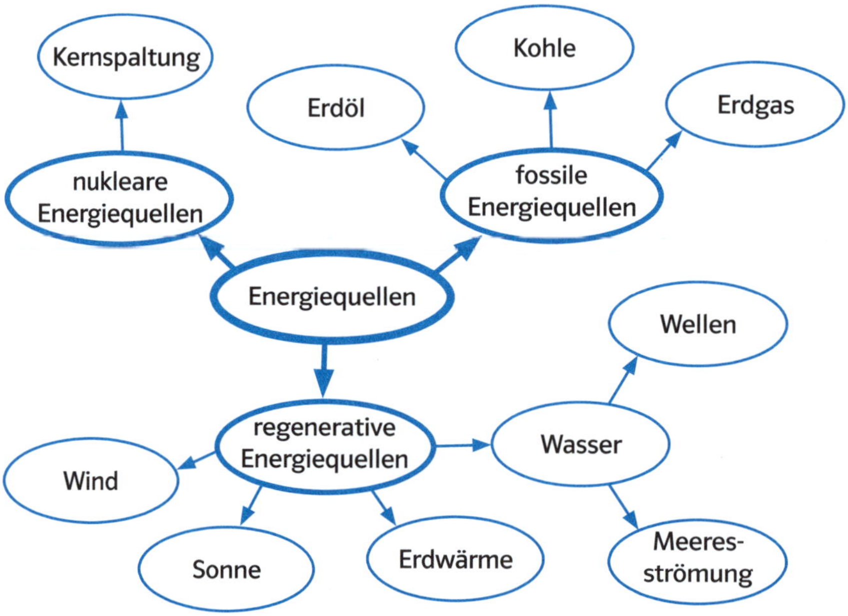

Übung 5

Lösungsvorschlag:

ALPENFLORA 1

Einleitung

- ***Vielfalt*** (4500 Pflanzenarten, 650 nur in den Alpen)
  Beispiel: Edelweiß, blauer Enzian

Faktoren, die die Vielfalt bestimmen

- ***Untergrund*** (Bodenzusammensetzung und -struktur)
  Beispiel: Kalkböden (trockener, wärmer als Silikat)
  Lage
  Beispiel: östliche Nordalpen – Fichtenmischwälder
  Höhe (Vier Vegetationsstufen)

ALPENFLORA 2

Einleitung

- ***montane Stufe*** (500–2000 m): bewaldet
  Beispiel: gemäßigtes mitteleuropäisches Klima
  Eiche → Rotbuche → Fichte
- ***subalpine Stufe*** (1900–2200 m): Straucharten
  Beispiel: trocken – Latschen-Kiefer
- ***alpine Stufe*** (2200–3000 m): Rasen
  Beispiel: Kalkrasen – Blütenpflanzen
- ***nivale Stufe*** (ab 3000 m): vereinzelte Pflanzen, Flechten
  etwa 150 Pflanzenarten über 3000 m

Übung 6

a) 5; b) 1; c) 2; d) 3; e) 4

Balcik, Ines: *Zweifelsfrei Deutsch. Grammatik.* Stuttgart: PONS, 2014, S. 12 ff.

Übung 7

a) der- oder dieselbe Autor/-in

b) ebenda (wenn man direkt davor aus dem gleichen Werk zitiert hat)

c) folgende Seite/folgende Seiten

d) ohne Jahr (wenn das Erscheinungsjahr nicht angegeben ist)

e) ohne Ort (wenn kein Ort angegeben ist)

Übung 8

a) Liniendiagramm – das ist besonders dazu geeignet Entwicklungen darzustellen.
b) Säulendiagramm – das ist besonders dazu geeignet Unterschiede darzustellen
c) Kreisdiagramm – das ist besonders geeignet um Anteile eines Ganzen darzustellen

Übung 9

Lösungsvorschlag:

a) Die Parteispitze wollte an der neu erworbenen Machtstellung keine Zweifel aufkommen lassen und trat entschlossen auf. An dieser Entschlossenheit ist ersichtlich, dass auch die katastrophale Versorgungslage keine Abkehr von diesem System bewirken würde.
b) Mitte der 30er Jahre vollzog sich ein rascher gesellschaftlicher Wandel, der alle Schichten betraf. Der industrielle Fortschritt wirkte sich wirtschaftlich aus und war in deutlich an-steigenden Produktionszahlen zu sehen.

Übung 10

Lösungsvorschlag:

a) Dieses Ereignis/diese Veranstaltung war ein echter Höhepunkt/Glanzpunkt in ihrem Leben.
b) Die Stimmung bei diesem Treffen/dieser Besprechung war entspannt/gelöst.

Übung 11

Lösungsvorschlag:

a) (Das ist) selbstverständlich.
b) Richtig geraten./Vollkommen richtig./Du hast recht.

Übung 12

Lösungsvorschlag:

a) Ich möchte hierzu einiges ausführen.
b) Diese These bezweifle ich.

Diskutieren

Übungen zum Inhalt

Übung 1

a) 4; b) 5; c) 2; d) 3; e) 1

Übung 2

c)

Übung 3

1) Zeitgenössische Texte helfen Schülern, heutige Ereignisse besser zu verstehen und sollten deshalb an Schulen vorrangig behandelt werden.
2) Für Schüler ist es einfacher, einen Bezug zu modernen Texten zu finden, weil die Sprache verständlicher ist.
3) Schulen sollten sich auf Fächer konzentrieren, die relevant für die Wirtschaft und die zukünftigen Karrieren der Schüler sind. Klassiker zu lesen trägt zu diesem Ziel nicht bei.

Übung 4

1), 3), 6), 8), 10

Übung 5

1) b; 2) c; 3) a

Übung 6

1) a; 2) b; d; 3) c

Übung 7

Lösungsvorschlag:

a) Die knappe und unvollständige Ausbildung bei der allgemeinen Wehrpflicht reicht nicht aus, um im Falle der Landesverteidigung eine Armee aufzustellen, die das Land tatsächlich schützen kann. Eine gut ausgebildete Freiwilligenarmee ist für diese Zwecke wesentlich besser geeignet.
b) Eine Freiwilligenarmee ist besser ausgebildet und kann den Pflichten somit besser nachkommen. Andere Bündnispartner (z. B. Frankreich und Großbritannien) haben auch keine Wehrpflicht und können ihre Verpflichtungen ohne Probleme erfüllen.
Zudem sind Wehrpflichtige häufig wenig motiviert.
c) Die Wehrpflicht schafft gesellschaftliche Unruhe, da die Modalitäten der Einberufung nicht gerecht sind. Einige müssen also Wehrdienst ableisten, während andere bereits eine Ausbildung beginnen können.

Übung 8

1) b; 2) d; 3) c; 4) a

Übung 9

a), d), h), i)

Stichwortverzeichnis